山澗的水聲

落蒂著

文學叢刊

文史哲出版社印行

國家圖書館出版品預行編目資料

山澗的水聲 / 落蒂著. -- 初版. -- 臺北市：文史哲, 民 97.04

頁 ： 公分. --（文學叢刊；198）

ISBN 978-957-549-778-1 (平裝)

855　　97005283

文學叢刊 198

山澗的水聲

著　者：落　　　　　蒂

出版者：文　史　哲　出　版　社

http://www.lapen.com.tw

登記證字號：行政院新聞局版臺業字五三三七號

發行人：彭　　　正　　　雄

發行所：文　史　哲　出　版　社

印刷者：文　史　哲　出　版　社

臺北市羅斯福路一段七十二巷四號

郵政劃撥帳號：一六一八〇一七五

電話886-2-23511028・傳真886-2-23965656

實價新臺幣二八〇元

中華民國九十七年（2008）四月初版

ISBN 978-957-549-778-1

山澗的水聲 目錄

序：一塵一剎一樓台

我是一個詩人，寫詩是正業，寫散文是副業。但是在我寫散文的時候，卻和寫詩一樣全神貫注，絲毫不敢掉以輕心。讀者可以從每一篇文章後面所載明的發表日期，算出這一本散文中的文章，寫作時間前後相距二十年。

書共分四卷，第一卷〈山澗的水聲〉，寫於七十三年到七十四年間。當時年輕的李瑞騰和焦桐應邀到嘉義商工日報主編《春秋副刊》。出刊前把雲嘉地區的文友請來座談開會共商出刊事宜。

由於這個機緣，便開始在商工春秋副刊寫「讀星樓小品」專欄。由於我天資駑鈍，寫來極慢，三年中才寫了三十幾篇，去掉幾篇有時間性的文字，共得二十九篇。另外三篇分別發表於《新生副刊》、《自立副刊》及《成功時報副刊》。

當時我寫作的態度是一定要有感而發，絕不勉強爲文。一個人明明咳不出來，卻硬要咳出痰來，其痛苦可想而知。其次是要寫得自然、素樸，不要處處雕鑿虛假。南史記載鮑照評顏延之與謝靈運之詩文說謝如初發芙蓉，自然可愛；而顏則鋪錦列繡，雕繢滿眼。因此我寫散文一直努力於邁向「行於所當行，止於所當止」的境界，當然，這不是一朝一夕所能達到的目標。

第二卷〈雪蹤〉寫於九十四年前半年，乃是應《台時副刊》之邀寫的五百字專欄。寫這種短小的專欄，最見文字的控制裁剪工夫。往往不是寫得「言猶未盡」，就是寫得「不知節制」，所以寫了半年就自動「停止告饒」，要主編放我一馬。因此只得二十幾篇，刪掉不適合的，剩下二十一篇。加上平日積稿未發表者九篇，共得三十篇。

雖然經過二十年，我還是認爲文章要平實自然，我認爲任何散文家，都應窮畢生之力，去追求這種藝術化境。當然，自由不受拘束，亦是我爲文最大的堅持，硬要規定多少字數，只好敬謝不敏。

第三卷是舊作《愛之夢》重刊，該系列乃是我年輕時一段不成熟戀情的告白，在《青草地》連載期間，頗受歡迎。出版單本時加上一些我在南師時期寫的青澀散文，共得八十頁左右，小小一本書。據出版社老板說「賣得很好」。由於當時《青草地》業務不佳，此書和情詩集《煙雲》就讓他們「無限量自由發行」，以挽救出版社，可惜，最後仍難挽頹勢，關門大吉。

當時寫這一卷作品，曾極力思考在文字中佈下一種迷離的夢幻感，把相當於小說的內容，用散文，甚至是詩的語言、意境表現出來。可惜，年輕的學生很喜歡，文評家卻未付予關心。

現在重新刊印，有一種就教於方家的心情，請你不妨嚴肅或者說嚴厲的對待它，無妨。

第四卷除第一篇〈最後的情書〉是朋友小月在陽明山松林散步時所訴說的故事外，另外的幾篇都是我在高師大生活的回憶，收在這裡，只想時時記起那段不平凡的歲月。我何其有幸，遇到許多貴人，如果不是這種千載難逢的機緣，我的一生也未免太平凡，太平庸了。

禪詩中有一首我很喜歡，原詩是這樣寫的：「白雲相送出山來，滿眼紅塵撥不開。莫謂城中無好事，一塵一剎一樓台。」已過花甲之年，一路行來，眞有滿眼紅塵撥不開之感，但這些林林總總的事情在我心中，乃是一塵一剎一樓台，如此清明依稀，無法忘懷。而這些紅塵，這些一塵一剎，這些樓台，就勞煩你在文中自己尋找了。

（二〇〇八年一月二十一日於讀星樓）

卷一、山澗的水聲

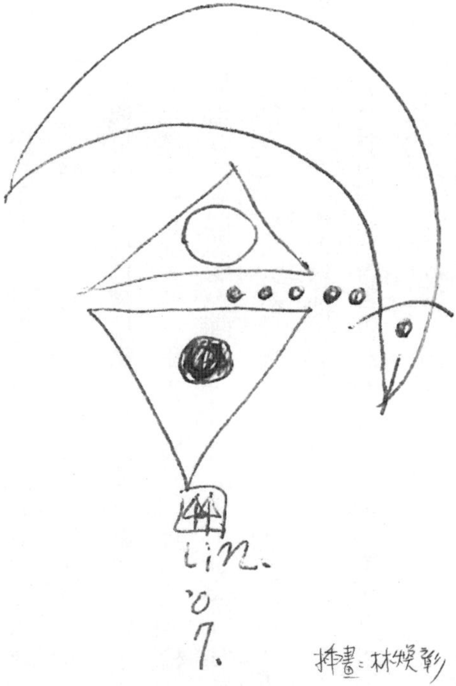

插畫：林煥彰

人類能掌握自己的命運嗎？

命運有時候讓人覺得無可奈何，比如說一個人坐上了那架被俄共打下來的波音七四七，他能掌握自己的命運嗎？年輕的時候，常常題一些話勉勵自己，比如說：「掌握自己的命運」！比如說：「自己造成的命運，我們不能把它歸諸天命」等等，現在想起來，有些時候，人確實可以掌握自己的命運，比如好好用功，金榜題名，然而，有些時候，命運之神卻也由不得你。你看過生下來就連在一起的忠仁、忠義分割的電視轉播嗎？他們能掌握自己嗎？

艾奎諾返回菲律賓，被刺殺在機場，你有何感想？你看過「萬夫莫敵」一片中的「奴隸鬥士」嗎？有錢有勢的貴族，花幾個錢，就能看到他們廝殺，直到一方死亡為止。「沒有名字的囚犯」一片中的傑可布．提莫門，無力的站在白宮，控訴一九七七年阿根廷軍政府的迫害，還有「納粹劊子手」一片中的普內門家族……太多太多這種人類迫害自己同胞的行為……如果歷史是一面鏡子，任何人都會希望：「從此歷史不要再重演」，然而悲哀的是歷史卻一再重演，我們怎樣去阻止這些悲劇呢？這些可憐的人能掌握自己的命運嗎？

命運有時當然無可奈何，比如說船突然在海中遇到風浪，橋突然斷了，你連人帶車掉到溪裡……那些無可奈何，我們只能抱憾，卻無法避免；但是，人類如果自己造成的，比如迫害自己的同胞如阿根廷軍政府，屠殺人類如納粹，我們就不能不責備這些人了。我們就不能不爲這些可憐的人叫屈，甚至和「命運」奮鬥了。

爲什麼有些人總認爲自己是強者，而一意孤行，一意要征服別人，統治別人呢？我想人類的爭端大概都起源於此了。有一篇「保護環境」的文章，你看過嗎？世界上沒有人類之前，環境多麼美好，水該往那裡流，樹木該如何生長……一切井然有序，而今，聰明的人類，創造了科學的奇蹟，卻也破壞了自然生態的平衡……於是山崩有之、洪水氾濫有之、乾旱有之。人們發明火藥，然後才弄一個和平獎，人們自己爲自己製造很多麻煩，然後才想到很多辦法，去解決麻煩，你看過「上帝也瘋狂」那個「汽水瓶」的意象嗎？大家在「如痴如狂」、「瘋狂爆笑」的欣賞之餘，是否該冷靜下來，思考一下這個問題？

我們有時的確不能掌握自己的命運，但那是無可奈何的事；然而，我們人類自己危害自己，迫害自己也能算是命運嗎？「萬夫莫敵」裡那位「史巴達克斯」反抗暴政的精神，終於有千千萬萬的「史巴達克斯」，終於使自己兒子，「自由的出城了」，他雖被訂在十字架上，何妨？

（72．10．14商工春秋副刊）

不再回頭的小白鴿

天色微明，河堤公園仍罩著一層乳白色的霧，我沿著階梯而上，企圖成為第一個訪客。當我爬上最高階的時候，赫然發現，已經有一隻小白鴿先我而來，牠悠然自得的站在那裡，我不願意打擾牠，悄悄的退了下來。

走過果菜市場，人們正將浸泡了一夜的蔬菜，撈上來準備出售，鴨販正在用打氣筒替鴨子灌食物，聲音淒厲無比，我不忍再看下去，又悄悄的走到牛墟。

牛墟大概又到了市集的日子吧？已經有三兩個早到的農夫，牽著他們心愛的水牛來了，遠遠看去，有一位面貌忠厚的老農正拿著鐵釘釘到牛後半身的某一個地方，我覺得十分奇怪，選了一個僻靜的地方坐下來，準備看看到底怎麼回事。

人漸漸多了起來，有買牛的，有賣牛的，互相討價還價，也有賣零嘴的，烤香腸、燒鳥的……突然，那位貌似忠厚的老農，牽著他的牛，為牠架上牛挑，牛車後輪以木棍卡死，上面坐了十來個莊稼漢。老農揚一揚手中的鞭子說：「我那個村子，就數我這條牛最好，任何陡坡都可以拉上去，大家看了！」啪一聲，打在牛身上，牛死命的用力，無奈車上的人太多了，竟雙腳跪了下去。

「沒用的東西！」又是一鞭，牛慘叫一聲，狂奔了好幾步，坐在車上的人都歡呼起來……

「怎麼樣，好牛吧！伍萬如何？」

「好是好，四萬差不多啦！」

「一句話，四萬五好了……」

我終於知道怎麼回事了，那貌似忠厚的老農，為什麼要在牛身上釘釘子，我很難過，走出牛墟。

「嘿！少年郎，吃不吃一隻燒鳥啊！很補哦！你看報上說這種鳥快要絕種了，再不吃，恐怕……」

我沒有理會賣燒鳥的，虧他還知道那種鳥快要絕種了，我在懷疑我們是什麼樣的人種：我想回到河堤公園看一看那隻小白鴿，牠是和平、善良的代表吧！

走到河堤公園，一群小孩正摒氣凝神的以彈弓瞄準那隻小白鴿，我忍不住大喊一聲：「幹什麼！」

小石子掠空而過，那隻小白鴿嚇了一跳，振翅起飛，消失在遠方的天空中。我說：「不要再回來了！小白鴿！」

（72·9·16商工春秋副刊）

悲傷的村子

我回到那哺育我十幾載的小村子的時候，夕陽正斜斜的照在林家祠堂東邊廂房的屋簷，整個西廂的房子都沈浸在金黃色的夕陽餘暉裡，我彷彿看見它過去曾經燦爛過的歲月，如今，它已像即將沈落的夕陽，光輝依舊，卻不再亮麗。

我走進大門，門楣上的堂號，只剩下一個「派」字，木門油漆斑剝脫落，正廳前的曬穀場，長滿了雜草，祠堂無人打掃，有幾間廂房已經瓦破牆裂……這就是兒時人丁興旺，我常來嬉戲的地方嘛？那堂號前「西河」已完全不見，「衍」字也只剩三點水，只有堂字號依舊屹立在那裡，那兒時玩伴正雄、阿青、小狗子呢？聽說林家人口四散，有在美國哈佛任教的，有在臺北擺攤的……如今留下的只是偌大的宅院，無人整理。我想起了報上曾經報導的麻豆某家庭園，子孫爭產，硬是將它拆掉改建公寓，許多人呼籲：「要保留文化遺產哪！」但有什麼用？拆的已拆了，沒拆的又無人管理，將來還不是報廢？我茫然的走出林家祠堂，沿著村莊的小路漫無目標的閒逛。

在通往村子的農路上遇到許多晚歸的老農，已經很少有年輕人在耕種了，年輕人都往都市發展，只留下他們年老的父母，守著當年自己開墾下來的田園。整個村莊，幾乎都是老人和小孩，一位阿婆告訴我，她的兒子和媳婦都上班，收入不多，又請不起奶媽，只好往鄉下送，可憐老媽媽當年拖兒帶女辛苦大半輩子，年紀大了還要帶孫子，我問她爲什麼不到都市和兒媳住在一起也有個照應，她說都市住不慣，而且老家有一片自己辛苦開墾出來的田園……差不多每一戶都如此。我想起小時候，我們圍坐在院子裡，聽老祖母講故事，年輕人忙著農事，這些都將在時代的轉變中，逐漸消逝。

是的，整個社會環境在改變，誰也無法留住農業社會那些甜美的時光，但是，當老一輩的人逐漸走進歷史，這些田園，這些農舍將由誰來管理？我想起了每年的清明節，許多子孫到新大陸求學、創業的，祖墳都無人祭掃，有些在國內事業有成的，也只是開車回來看一下，拿幾個錢請人除除草塡塡土，自己就郊遊去了，後來村長感到墓地實在越來越荒涼，雜草叢生，就僱人長期清理。我們能責怪這些子女不孝嗎？生存競爭，他們能在工業社會中活下去，已經不容易了，他們那能想的這麼多？

夕陽已經沈落到地平線下了，暮色漸漸的籠罩了下來，我看見一列臺糖小火車正費力的駛過這悲傷的村莊，聽說已經有很多小火車停駛了，這一列大概是臺糖最後的班車吧？

（72·11·11商工春秋副刊）

生命探原

生命果眞如此無奈嗎？

詩人楊子澗在「夏末最後的人力車夫」一詩中，最後力竭的喊道：「我們都活得如此無奈！」

果眞沒有一絲絲的喜悅了嗎？

「返鄉餐車」一片中的那群青年，無聊到「計算別人到底吃了幾盤點心、幾樣菜！」無聊到「僞裝車禍，調侃朋友……」

也許生命這玩意兒眞的不該探索！

眞的不該看那片法國片「繼父情」—金馬獎的外片觀摩電影。片中那位女主角，居然主動要求繼父和她發生關係，尤其男主角後來和那位女鋼琴家在做愛，正在哼哼哈哈忘我之境的時候，那位女鋼琴家的四歲小女兒正站在床前呆呆的看著……。片子就如此結束了！

果眞生命是如此的荒腔走板嗎？

日片「俘虜」裡的切腹鏡頭，有一個美軍看不下去，受不了而咬斷的舌根，那「把人埋在沙中」，只露出一個頭，一個慢慢走向死亡的表情，無奈、頹喪、痛苦……的頭。

「露港水手」，對，是德片，片中同性戀雞奸的鏡頭，以及整個片中的佈景、色調、暗淡而令人窒息的感覺。

生命果眞是如此荒謬嗎？

詩人林野在他的散文「藥理實驗室」中，描寫他爲了實驗而抓貓、殺貓，文筆冷雋，而內心裡充滿了悲天憫人的哀傷，他說他學位是拿到了，有天他將去吃齋念佛，以贖罪孽……如果他看到許多描述戰爭的影片，日本軍官手持亮晃晃的武士刀，手起刀落……機槍大砲……殺人如蟻，林野就會大塊吃肉，大口喝酒。

生命果眞像一條通過人性礦藏的幽暗隧道嗎？生命果眞像一條崎嶇的小徑，讓許多詩人、作家、影劇工作者窮畢生之力去鑽研探險？

我合上稿紙，走向大街！

（72·12·21商工春秋副刊）

為子子孫孫謀幸福

最近看了日本NHK的一個記錄片，上半部描述保護動物者照顧快要絕種的熊貓的情形，下半片描述羅德西亞獵殺六千頭大象的情形。兩相對照，不由令人興起無限的感慨。那樣可愛的熊貓，應該再讓我們的下一代看到牠，我們對那些工作人員，辛勤的照顧，感到由衷的欽佩。但是相反的，非洲的羅德西亞（今名辛巴威）卻在獵殺大象，而且成群的撲殺，那種血肉模糊的畫面，眞令人食不下嚥，尤其小象在一刹那間變成了孤兒，被捉上卡車，賣給動物園，我們可以想像得到牠的驚恐和無依。根據訪問，羅德西亞當局，認爲大象繁殖過剩，食量驚人，破壞山林，獵殺大象對國家，對其他動物以及對大象都好，我們非常瞭解與同情羅國當局的說法，但除了血肉模糊，殘酷無比的撲殺以外，沒有其他的辦法嗎？同樣是調節人口，爲什麼有人只能採取殘殺女嬰的手段？令人痛恨！

最近幾位有影響力的人，大力提倡保護自然景觀，認爲這樣好的天然美景，應該讓我們的子子孫孫能欣賞到，我們不禁激賞叫好，並且盼望他們發揮本身的影響力，做到眞正的保護天然景觀。屏東地區獵殺伯勞已因報章雜誌的呼籲，獲得當地警察機關的重視，並且採取有效的行動，可見只要有理，有人登高一呼，還是對事情有幫助的。因此我不禁想到，人們既然開始關心子子孫孫未來的眼福，希望他們能欣賞到自然美景，爲什麼又不關心子子孫孫未來的心靈，希望他們生活在一個祥和安康的社會裡？你只要不瞎不聾，你就會看到今天的社會給我們的是什麼樣的景觀，什麼樣的聲音和色彩。

多少人無視於子女在旁，打牌、觀賞妖精打架的片子，大談如何倒債、如何詐欺！多少人當著子女的面，表示找事要花錢，升遷要活動……，我們將留下一些什麼樣的「人爲景觀」給我們後代？有人主張「地下色情」要「化暗爲明」，我們忍不住的要痛心的問：「眞的只有這個辦法嗎？」

誠然，有很多事情，法律常感到「無力」，比如貪污而不被揭發，被揭發而查無實據……我們對他眞的莫可奈何，但是「衆人皆知的秘密」將留給我們下一代什麼樣的形象？什麼樣的榜樣？

關心世世代代子子孫孫的幸福是對的，爲他們保護美麗的天然景觀是對的，爲他們延續一些即將滅種的動植物免得他們看不到是對的，但是，有良心的人啊！你是否也要考慮到爲我們的下一代，提供一些做人處事的榜樣，而不是只有在教科書中才找得到，甚至使學生問老師：「你說的怎麼和事實不一樣？」

（72·11·27商工春秋副刊）

我的祈禱詞

過完年以來，我經常祈禱，並非迷信，而是深切的覺得有那種需要。我祈禱著，希望「摩西」和「十誡」影片中所描述的「神」眞的存在，眞的有無比的「神能」，在那兩個片子，埃及人迫害奴隸「西伯來人」，神就降災難給埃及人，讓埃及人所有的長子都死了，埃及王「費若」在痛苦中，終於釋放了奴隸。爲什麼我竟然迷信起來？因爲我內心惶恐、焦慮不安極了。

爲什麼惶恐、焦慮不安呢？你如果不健忘，一九八三年一年中，全世界各地，發生多少暴行？戰禍不斷，我實在懷疑：人爲什麼要如此「打打殺殺」？和平共存不是很好嗎？

直到前不久，我看了描述烏干達獨裁者阿敏的片子：「一代暴君」，終於恍然大悟，原來有些人自認爲「強者」，只有自己才有資格統治別人，阿敏自比希特勒，誰不聽他的話就斃了誰。我又想起了「暴君焚城錄」裡面那個獨裁者，啊！如果這樣的人經常出現，蒼蒼衆生，眞的要受苦受難了。我在影片中，看到人們無助的被折磨、拷打、槍殺，這個時候，我突然希望，世界眞有這麼一個萬能的「神」，替無辜的老百姓去懲罰這個「強者」。

世界上有史以來自認爲強者，自認爲最優秀的莫過於「希特勒」了，由於他，終於掀起了第二次世界大戰，由於他終於使成千上萬的人，被殘殺或死於戰禍，許多描述戰爭的影片，例如「勞伯瑞福的世界之一——奪橋餘恨」、「雷瑪根鐵橋」、「最長的一日」、「六三三轟炸大隊」……數不清的戰爭片子，都是以第二次大戰爲背景，看著片中那種血肉模糊的慘狀，實在想不透爲什麼有人「喜歡戰爭」，我想起古文觀止中有一篇李華寫的「弔古戰場文」，文中描寫戰場的淒慘狀況，令我讀不下去，如果李華生在今世，他所寫的「弔文」將是什麼樣子呢？

我又想起了日本的「東條英機」，由於他窮兵黷武，終於掀起侵華戰爭，抗日八年，國人遭到殘殺、凌辱者有多少？雖然這些自命爲「強者」的人，後來都逃不過「失敗的命運」，但死者已矣，如何補救？親人的痛苦，豈是演幾個片子，寫幾部小說，所能彌補。

新的一年，我深深的祈禱著，希望眞有那麼一個萬能的神，賜福給人們，給人們善良的心，懂得愛自己也愛別人。懂得慈祥、寬恕。

我眞心的祈禱著，祈禱著世界上可以誕生各種天才，但千萬不要誕生「戰爭天才」。

（73・2・26商工春秋副刊）

生活

生活眞是如此折煞人嗎？

我的朋友一個個都沉寂了，沒有作品發表了。打聽之下，小吳正在石門水庫旁的一個小國中當「牛」字號的導師，每天早上六點出門，晚上七、八點回到家，既忙著「清查戶口」，又忙著「出考題」，以便所帶的幾個「升學班」能「不繳白卷」，他說：「累得都只剩一口氣了，還能創作？」小劉正忙著還「購屋貸款」，小李正忙著「擺平家務事」，老林正在「畫房子設計圖」……我問一個住在臺北的朋友：「爲什麼好久不見新作？」他兩手一攤：「生活嘛！」

生活眞的是文學藝術的致命傷嗎？，我看到許多詩刊「有一期沒一期的出著」，我看到許多學音樂的朋友，忙著教琴，每天「單手練習」十來小時，他們說「看到琴就怕」，許多畫家朋友，南來北往的趕場上課，也是一句話：「生活嘛！」

生活眞的令人如此失去自我？

這也難怪，許多朋友正值「三十年華」，正值「成家立業」的時候，那能不爲生活而惶惶不可終日呢？有一次和一位詩友聊天，他說：「住在臺北，每天有三大震盪」我說：「那三大震盪？」他說：「寫文章是腦力震盪！文章賣不出去，是口袋震盪，口袋一震盪，家庭就震盪啦！」時隔兩年，竟還如此清晰，如同昨日告訴我的！

生活有時實在令人無可奈何！

記得十幾二十年前，我也是「意興風發」的寫詩少年，在一個鄉下的小學教書，找不到對象，竟麻煩「媒人婆」幫忙，許多女方家長都問：「他一個月這麼少的收入（當時月薪七百八），能養活老婆嗎？」我和小劉去看他舅舅，他舅舅乾脆建議我們：「去賣冰棒算啦！」我一氣之下，就去考大學，連詩也不寫了！大學畢業後，仍然「一籌莫展」，只好又到鄉下教書，爲了多一點收入，還替親戚推銷「感冒口服液」，用機車載著，沿門挨戶去推銷，有時天不作美，半路下起大雨，只好將雨衣穿在「藥品」上以免淋濕蝕老本，至於人，只好淋雨了！後來，騙了一個也是教書的老婆，自來水兩管總比一管強，兩老夫婦每日早出晚歸，十幾年來競競業業，省吃儉用，總算有一個窩了，生活安定，仔細一算：「已四十出頭啦！」

已四十出頭啦！回首看看我那些「三十而立」的朋友，就如同看到當年的自己一般，他們沒有「新作」發表，我也就不忍苛責啦！

（73・2・11商工春秋副刊）

讓我們的社會像一座大花園

最近讀到阮文達的「隨緣隨筆」，談到運數命相，接著「楊子專欄」又發揮了一番，認為許多機關首長，一上任馬上爲辦公桌擺定最好的方向，以求多福，並批評這種心理，認爲社會應建立「多元的價值系統」，不要以「升官發財」爲惟一的「成功」途徑，讀後頗有所感。

爲了這個問題，我苦思了月餘，理論上行行出狀元，但是我們的社會隱約有一個價值判斷系統懸在那裡，比如那一行賺錢多，爲人所欽羨，做官掌權，爲人所欽羨……甚至那個「判斷的眼光」有時逼得讓人有困頓、失意、不得志的感覺。

有一次我參加一個親友的喜筵，席中有地方機關首長、法院推事、檢察官、民意代表、大飯店的經理、醫生……人人笑臉相迎，畢恭畢敬的勸酒、交換名片，我靜坐其間，自個兒吃自個兒的，雖被冷落，卻處之泰然。因爲我一向不屑於這種應酬，對自我的價值，也有一套自我肯定的標準，不料，酒過三巡，我那身爲主人的表姊夫竟然冒出了一句：「各位長官，我這位兄弟，唸書的時候，成績很棒，可惜家貧進了師範學校，竟至一輩子教書……現在閒得發慌，竟寫起『新詩』來……」當時我雖覺得很不是味道，但不以爲忤，仍然默默的吃著。當然，許多長字輩的人，看過許多場面，何等見識，有的難免安慰兩句，甚至有口口聲聲「肯定」我的成就的，我只好維維諾諾兩聲，然而，最令我受不了的，還是我那表姊夫，他接著說：「不要那麼沒志氣，也不要再浪費你的聰明才智了，看什麼考試或升遷的機會，不妨爭取一下…」當時我也不知道那來的脾氣，竟沖著表姊夫說：「抱歉，我人懶散慣了，讓你失望，今後不再參加任何宴會，總可以了吧？」逕自起身離去。從那以後，我儘量避免參加餐會，尤其是人多的時候。我眞不知道寫詩教書有什麼不好？有什麼地方沒出息？

當然我們不能要求別人同我們的看法完全一樣，但懸在人們心中的衡量標準，有時卻有意無意的逼迫著我們，傷害著我們，因此有人參加司法官考試數十年，到五十幾歲才錄取，服務沒多久就要「強迫退休」了，有人日夜汲汲營營，爲了謀得一官半職，在這樣人口密度全世界第一的小島，在這樣教育普及，人才輩出的社會，紛紛投向少數「長」字號的頭銜，能不爭得頭破血流，幾稀？

因此我禁不住想到，該是我們建立多元價值系統的時候了，讓我們的社會像一座大花園，開滿各種花朵，爭奇鬥妍，每一個人不論做什麼行業，都認爲是對社會的一種服務奉獻，不必自卑，也不要瞧不起人，美國紐約市清潔工人罷工三天，垃圾堆積如山，你能瞧不起清潔工人嗎？

（73·4·11商工春秋副刊）

第一朵小花

小女靜宜剛上小學一年級，有一天老師上自然課，教到有關種子的問題，老師要他們每人帶一些種子到學校，並且帶一個培養杯和棉花。幾天以後小女帶回來許多已發芽的種子，問我要種在那裡。這下子我急了，當初買房子只求便宜，忘了留空地、院子等問題，現在那來的空地讓她種那些種子？

小女不得已，終於選定了屋前馬路邊一塊小空地，空地上推滿細砂和石子，那是當年建販厝的商人建後未處理留下來的東西，據說那塊小空地是兒童遊樂場的預定地，土地所有人因爲這一塊地是屬於公共設施預定地已不值錢，就再也不管了，任它荒廢，因此亂石纍纍，到處是砂石，頂多是長一些生命力極強的茅草，我看了就對小女說：「這一塊地怎麼能種？」

小女極有信心地說：「可以啊！我先整理出一小塊地方，然後每天放學經過那一片稻田的時候，就挖一些土回來塡在上面，不就可以種了嗎？」

由於生長環境實在惡劣，許多種子不久都爛了，我勸小女還是算了吧，等爸爸有錢買一幢有院子的住家讓她種，然而小女還是每天挖一小包泥土回來，每天還是去澆水，並且要我再去買種子回來讓她種，我買到後來實在厭煩了，就從學校花圃裡弄點花種回來交差了事。

有一天，小女興沖沖的跑進來告訴我：「爸爸，種子長出來了！」我跟她出去一看，果然長出兩小片細細的葉子。我不願掃小女的興，也露出一副驚喜的樣子，其實我心中想著：「沒有好的生長環境，遲早也會枯死的！」小女並不如此想，她還是繼續挖她的土，澆她的水。我也認爲小孩子好玩，就讓她去玩吧。

漸漸的，我已忘了這件事情，有一天小女又興沖沖的跑進來告訴我：「爸爸，那些花苗有一支已開花了！」我跑出去一看，竟然有一朵小花開在那裡，在二尺見方的小花圃，竟長滿了花苗。我驚奇極了，小女終於憑自己的力量，在我認爲不可能、沒有希望的土地上，讓一朵小花開了出來，我不再認爲沒有希望了，我告訴小女：「花苗太密必須移植，明天起爸爸幫妳開一塊更大的花圃！」

如今那一小塊荒地已被整理出一畦一畦的花圃了，因爲鄰居們都一致同意，兒童遊樂場不知何年何月才要興建，一塊地荒廢在那邊實在可惜，而且又髒又亂，都一起出來幫忙整理，從水田裡搬泥土回來舖上。現在那一塊荒地，已不再亂石壘壘了。每一次我看到那些美觀的花圃，我就想起，是小女讓它開出第一朵小花呢！

（73·4·28商工春秋副刊）

蛙鳴

當初要購買房子的時候，千挑萬選，終於選定了現在的住所，除了上班近——只有四百公尺；小孩上學方便——就在隔壁；太太買菜方便——只要走五分鐘路；最大的理由是住屋前後均是水田，不必煩惱綠化之外，夜夜常有咯咯的蛙鳴，尤其是在夏雨過後，群蛙競奏，煞是熱鬧。

剛搬進來的時候，屋前屋後剛揷秧二個多月，一片欣欣向榮，綠意盎然，有一個仲夏夜，突然一陣急雨過後，群蛙競相鳴叫，恍如急雨，也像萬馬奔騰，我和妻坐在書房窗前，靜聽那一陣喧鬧，心裡有說不出的快樂。也許因爲工業化了，人們生活的步調像機器的齒輪，一個咬著一個，誰有閒情逸致去欣賞大自然的一切？尤其那幾年生活在都市的公寓裡，除了在客廳、陽臺佈置幾盆盆栽之外，整年難得有閒暇接近大自然，最後妻和我終於想通了，調到鄉下任教，除了費用低之外，生活空間寬敞了許多，每個黃昏，我們都可以騎著腳踏車在田間小路漫步。夜晚虫聲競奏，那種快樂，眞不下於到國父紀念館聽一場音樂會。

有一次，屋後那一片水田中，蛙鳴陣陣，有一隻叫得特別響，妻突然問我：「群蛙競奏，爲何有一隻特別叫得響，叫得起勁？」

我非動物學專家，對這種狀況毫無學問，只好搪塞：「大概就像人吧，不甘心平凡，只好叫得特別大聲，以便『出人頭地』！」

妻說：「也許牠很激情，也許牠在抗議吧！」

我說：「妳怎麼想都可以，總之，我是陶醉在那一陣群蛙的交響樂中，懶得去用腦筋了！」

（73·4·16新生副刊）

重視防患未然

最近連著發生幾件震撼社會的大新聞：

一、臺北螢橋國小二年一班被一個三十四歲的男子蔡心讓侵入潑毒，造成數十名學生輕重傷。

二、臺北財政部關政司司長被有精神病傾向的妻子殺死。

三、臺北吳興國小二年級女學生玩電動鐵門慘被挾死。

四、高雄市兩位刑警被歹徒槍擊殉職。

五、臺汽總務人員陳秋木因臺北西站工程遭受種種困擾，自殺死亡。

這一連串的重大事故，或多或少帶給社會不同程度的震撼。因而報章雜誌討論校園安全、精神病患的收容就醫、治安的維護、檢肅貪污……等等，都提供了不少意見。我也一直在冷靜的看這些報導、評論，苦思一些解決方法。我認爲任何國家再先進都不可能保證沒問題，何況我們的社會在轉型期之間，更不可能沒有問題，重要的是對問題發生後的處理態度及防患之道。

從小我就有一個很強烈的印象，認爲我們的社會很少去預防問題的發生，我常看到平交道有人被火車撞死，才設警告燈號或柵欄，很多東西都是一些人犧牲生命換來的，有一個大問號一直在我的心中，爲什麼我們如此不重視「防患未然」？

舉一個最現成的例子，高速公路才通車幾年已經快負荷不了而變成慢速公路了，我禁不住要問：我們的專家到那裡去了？爲什麼沒有辦法預估人口成長速度、車輛增加速度？

我們也經常看到馬路挖挖補補，工程敲敲打打，我住的小鎭有一條馬路剛舖柏油一個禮拜，自來水公司就把它挖了，埋水管、做工程……然後再重新舖上柏油，爲什麼不協調一下，要如此浪費民脂民膏，又增加老百姓行的不便？

校園安全，到底有多少人實地到各校去了解一下？只要有子女上學的，都十分清楚，任何人都可以隨時進入校區而不受盤問，小學生一大早到校早自修，教室沒有老師，發生意外事件，他們有能力處理嗎？有些學校爲了製造「升學率」，規定學生早晚自習，早晚路上行人稀少，發生意外，誰來負責，很多人都只有「靠運氣」了！

至於精神病患，隨時可以看到流落街頭自生自滅者，潑毒的蔡心讓，他的嫂嫂早就知道他會出事，因此表示「並不感到意外」，警方也早就發現他藏有「嚴重的腐蝕性粉末」，我們十分心痛的認爲：這些學生太可憐了！假如大家能及早預防，應可免去這一場災難。

至於議員開設「色情餐廳」，歹徒危害治安，已經早有所聞，且對社會造成極大的危害，我們難道想不出對策嗎？

工程回扣、貪污更是公開的秘密，爲什麼要等到有人「死諫」才去「徹查」？諸如此類問題，一直深深的困擾著我，我想凡是一個有良心有血性的人，都不會認爲應該讓這些問題繼續下去，都會認爲：該是大家痛定思痛的時候了！

我們建議：爲什麼不設立一個「社會問題研究、預防、治療的常設機構呢？」或者政府中那一個部門應該爲此事負責？應詳細規劃、指示、督導照辦。我們盼望賢明的政府，能有一個「深謀遠慮」的部門，來預防這些不幸的發生，這樣不是比發生問題了再「亡羊補牢」好嗎？

（73·6·15商工春秋副刊）

「蜜唧唧」的聯想

以前在街上，常看到有商人將小鳥圍在籠子裡面，供遊客射殺，射到的就當場烹而食之，小鳥在籠中驚恐亂飛，時而哀叫，人們竟因而大樂，我對這些人常有莫名的反感和痛恨。後來也聽人說道，廣東人生吃猴腦，吃的方法是將活生生的猴子綁在桌上，將腦殼敲開一個洞，然後用筷子夾來沾上佐料食之，猴腦被夾，常痛得吱吱叫，食客也因而大樂。聽到以上的描述，我常難過得好幾天吃不下飯。

目前又在「春秋」讀到「商都」寫的短文「古典奇譚」——「蜜喞喞」，看到以後，更是對人類窮口腹之慾，感到無限的感慨。因爲原文很短，茲照抄如下：

蜜喞喞是一種你不敢吃的美味佳肴。

明人馮夢龍「古今譚概」卷三十五「蜜喞喞」說：「右江西南多獠民，好爲蜜喞喞。鼠胎未瞬，通身赤蠕者，漬之以蜜，置盤中，猶囁囁而行，以筷挾取咬之，喞喞作聲，故曰『蜜喞喞』。

蜜喞喞也是廣東人喜歡吃的一道名菜，但是不沾蜜而沾醬油等佐料，稱作「三叫菜」。

其名稱由來，據說是吃客以筷子挾起紅通通，眼睛未睜開的小老鼠時，牠受驚而叫了一聲；當筷頭夾著小老鼠沾醬油佐料時，牠又「吱」地叫了一聲；當小老鼠被送入吃客口中時，牠叫出了第三聲，所以就取名爲「三叫菜」了。

口福還得要有吃膽，信然。

我不曉得讀者看完後，有什麼感想？我並非佛門信徒，主張不要殺生，而是認爲這種窮口腹之慾，將帶給我們什麼樣的影響？我想起元朝末年，蒙古有位大將軍最喜歡吃羔羊，當時他主持疏浚運河，凡是送羔羊給他吃的，祖墳田地可以保留，運河就繞道而過，許多人找不到羔羊竟將懷孕的婦人殺了，把胎兒供那位將軍食用，而那位將軍竟然更加喜歡，於是到處有孕婦，在三更半夜中被殺，終於官逼民反，導致元朝滅亡。當時疏浚黃河也一樣，因此有一首童謠叫「石人一隻眼，挑亂黃河天下反」流行黃河南北。

當然，一個朝代的覆亡，絕不如此簡單，但那位將軍窮口腹之慾，剛好又有權勢可以運用，更加助長了他的興味。百姓可就要遭殃了！

我素來對人們這種奇奇怪怪的口味，感到相當的痛心。本來「食色性也」，正正當當的吃有什麼不可？人們爲什麼要這樣挖空心思，想盡花樣？以前報上曾說過：「西洋人有換妻、雜交的遊戲」，我想這些大概都是追求刺激的緣故，而人類的慾望是無窮的，我不曉得人們在生吃猴腦、蜜唧唧厭煩之後，又要想出什麼花招？

（73·3·19商工春秋副刊）

月是故鄉明

二哥：

今夜的月色，份外皎潔，我徘徊在老家的晒穀場上，竟不知不覺思念起你來。

媽還是時常唸著你，雖然她一度對你滯留異邦不歸十分不諒解，尤其是爸還在世的時候，你來信說希望媽到你那兒幫你看小孩，以節省開支，說異邦傭人請不起，同時你們收入有限，供不起兩位老人家的開銷，只希望媽媽一個人去就好了，爸爸當時氣的直叫他沒有這個兒子，媽也只有流淚，從此你就不再來信，爸過世時你也未回來，二哥，其實爸在最後一口氣的時候，還一直低聲呼喚你的小名呢！

媽最近身體不好，高血壓時常發作，雖然媽好強不願在別人面前提到你，但她心中還是想念你的，我可以看出來，她時常一個人坐在窗前，望著天際發呆。有時村子裡的人在媽面前提到你，流露出佩服讚嘆的神色的時候，媽總裝著很興奮，村子裡的人每一次在媽面前，不是說你是全村惟一的留美博士，就是說我們楊家一定是祖宗積德，才能出如此傑出的子孫。二哥，媽在別人面前，都裝著很得意的樣子，你知道嗎？她常常在別人回去之後，偷偷的掉淚。

最近大哥把老家的房子整修了一下，大哥說媽住不慣別的地方，他一定要讓媽的晚年過得愉快一些。你還記得大哥嗎?當年我們一起唸書的時候，大哥的成績最差，模擬考都排在「小張的」，你常譏笑大哥：「成績排在小張的只配考農校，只配挑肥……」而你確實不錯，都排在大張的前幾名，第一更是家常便飯，學校老師都說你進城裡考省中一定沒有問題，我們家人都以你爲榮，眞的，二哥，我們都以你爲榮，你是村子裡第一個上嘉中，進臺大，出國得博士的人，我們眞的以你爲榮，以你爲傲呢！而大哥眞的上了農校，他自知智力不高，老老實實的唸完農校就回家陪爸爸種田了，爸爸也認爲他只要好好種田，安份守己也不錯了，大哥也眞是安份，同時也勤奮，農忙下田，空閒還到附近工業區上班，二哥，有一件事情也許你不知道，你出國留學的費用，是爸用田產去抵押借來的，大哥直到去年才全部還清。二哥，我提這件事並沒有任何惡意，我只是希望你知道，一個有成就的人，他的成就可能不全是自己的功勞。大哥從未提過此事，他默默的種田，到工廠上班，大嫂有時還做一點小生意，賣賣水果、冷飲之類的，二哥，說眞的，以前我也覺得這樣對我們楊家很沒有面子，但是現在我知道了，有些事情不能光要面子，爸爸的喪葬費，大部份都是大哥負擔的，大哥說：「小弟，你是公教人員，薪水有限，孩子又多……」。二哥，聽了大哥那句話，我差點痛哭失聲。二哥，眞的沒有想到，當年成績最差，在很多人眼中「最沒出息的」大哥，竟然是維持我們家庭的支柱！

二哥，媽年紀大了，她雖然不說，但我們知道她很想念你，我不知道你能不能回來一趟，讓媽看看，大哥常唸著要寄機票費讓你們回來，我們也知道你全家回來，費用不少，但是媽年紀確實大了，七十幾的人，唉，二哥，我怎麼說呢！

其實，二哥，我也多少知道或可以猜到你不回來的原因，你出國不久，常寫信回來批評我們這裡不是，那裡落後，爸有一次生氣叫我回信給你說：「這裡雖然不好，但我們已不再吃整鍋的地瓜了，我們已心滿意足了，你嫌不好，就永遠不要回來好了！」二哥，當時爸也是在氣頭上，我也不敢不寫，二哥，我們眞的很想念你，自己人何必如此記恨呢！你一定也聽不少出國的人說，我們這已不再是二十年前的樣子，爲什麼不自己回來看看呢？

二哥，我們兄弟就數我最了解你，因爲你尚未出國的時候，我們聊得最多，你是一個理想主義的人，常鼓勵我要奮發向上，尤其我考上師範學校，你最反對我去唸，你認爲一個男孩子不能當一輩子「教師匠」，「那是沒出息呀！」這句話你重複了好幾次，後來爸和我私下商量，認爲我還是唸師範比較好，爸說他實在供不起兩個人唸大學，何況當時鄉下人認爲師範生有公費，畢業後又有分發「頭路」，人人建議我去唸，而我也奇怪，居然不以爲教書「沒出息」，二哥，請勿怪我自圓其說，自我解嘲，我認爲「一個人不管做什麼行業，都是一種服務，一種貢獻」，二哥！請勿生氣，我並不自卑，或引以爲恥，我認爲任何人好好做好本份的工作，都是可敬的。

二哥，唸師範的時候，我愛上了寫作，尤其是寫詩，你曾當面告訴我：「寫那些是什麼玩意兒，沒有人看的，你爲什麼那麼沒出息，好好準備，師範生也可以升學，滿足現狀就是落伍！」二哥，我眞的聽你的話，我是升學了，可是仍然唸的是師範學院，二哥！那時我們家還爲你的出國費用負債呢！二哥！我這麼說並不是責怪你，我怎能忍心再增加爸媽及大哥的負擔？

二哥，我唸了師院，又再度當了教師，我知道你一定很失望，但是二哥，人各有志，我眞的很喜歡教書，和學生們在一起，我不知時光之消逝，我和他們一起去郊遊、爬山，指導他們文學創作，二哥！請別再指責我：「又要製造一批沒有出息的人！」二哥，愛好寫作有什麼不好呢？文學藝術可以美化人生啊！二哥，我佩服科學家，改善我們生活的一切，使我們舒適、方便，但是我也欣賞藝術家，他們提供我們精神的糧食，提昇我們生活的品質，二哥，你不以爲嗎？

二哥！我徘徊在老家的晒穀場上，望著皎潔的月色，忍不住和你多說了一些，很多人都說：「月是故鄉明」，我沒有離開過，不知是眞是假，但是，我知道你能夠告訴我它的眞假，二哥！我不知道你回來有什麼困難？請來信告訴我，好嗎？政府有延攬學人歸國的政策，新竹有科學園區……二哥！你也已四十幾了，年齡的增長，相信有些看法會逐漸成熟，二哥！

我們期待你回來，美國再好，也是別人的，我期待你回來共同建設我們的家園。

三弟敬上

（73・4・4 商工春秋副刊）

補記：這是一封代同學寫的家書，文中的二哥已近七十，目前定居美國，三弟則退休後與大哥一起務農，寫詩自娛，甚爲快樂。

（97・1・20）

我的困惑

毛姆寫「人性的枷鎖」，而人性眞的有枷鎖嗎？我茫然而困惑著……

那是一個燠熱的夜晚，我們在房中悶得呆不住，只好在屋外乘涼，晚風習習，妻和我又聊天又泡茶，既可仰觀天宇群星，又可俯聽四野蟲鳴，白天工作的辛苦，收入的微薄，一下子彷彿都離我遠去，忘得一乾二淨。

突然，一輛福特千里馬停在我們前面，車門一開，下來一位十三年不見的老同學小許，當年在大學裡一起研究文學，一起談理想抱負的小許突然來訪，妻和我都十分興奮。

在大學時代，小許和我是同寢室的室友，我們都是詩迷，每每看到一首好詩或一個好的句子，即迫不及待的要朗頌給對方聽，我們更是徐志摩迷，徐志摩的散文經常給我們帶來許多安慰，因爲當年在大學裡，許多措施不盡令人滿意，和教官、訓導人員時有衝突，尤其是小許差一點就被退學，每當他最痛苦的時候，我就找一些徐志摩最瀟洒的句子唸給他聽，往往帶來很大的安慰作用。

後來我們都學乖了，既無力跟權威抗衡，只好沉默，表面服從，我們看我們的書，不再有意見，四年中倒也和訓導人員相安無事。畢業前幾天，小許和我及許多同學互相約定，二十年後再回到母校聚聚，看看大家都有些什麼成就。

離別那晚我們買了幾瓶烏梅酒、花生及豬頭肉，大家在籃球場痛快的喝起來，整個晚上又聊又唱的，許多同學都決定出去以後用幾年的時間準備升學深造，若升不了，也就要安份守己的做個負責的老師，大家對前途都有很多計劃和夢想。只有小許整晚一直沒說話，自個兒喝悶酒。

大夥兒正在鬧的時候，我悄悄坐到小許的旁邊，我說：「你呢？有什麼打算？」小許淒然的搖搖頭。

我知道，小許一定千頭萬緒，不知如何說起，因爲和他相戀多年的女友小紅即將訂婚了，對象又不是他，而且這些日子來小紅的父母又控告他妨害自由，走了幾趟法院，雖然法官姑念他年紀輕輕，又正在學，且惡性不大，予以不起訴處分，但也夠令人心煩的，報紙不但登了，而且用大字標題，什麼「大學生單戀不成，涉嫌綁架」眞是天曉得，小紅和小許已相戀四年，小紅在北部唸大學，小許在南部，當時交通不發達，見一次面要坐好幾小時的車子，但他們每星期見面，小許回來還要再寫信，感情可以說很深，後來不知是怎麼了，突然要鬧分手，有人說小紅父母嫌小許唸師範沒出息，有人說，小紅另有學歷更高的男友，總之，他們要分手了，小許一時無法適應，約小紅談判，也不知怎麼的竟弄出「綁架」事件來。

我不便問的太多，只好安慰他「天涯何處無芳草」，那時候妻和我是同班同學，看到小許如此，也頗熱心，一直要幫他介紹女朋友，甚至拉攏同室的室友，可惜小許一直無法忘懷小紅。

畢業後聽說小許上了淡江研究所，也出國了，後來又聽說回國了，同時也結了婚，對象當然不是小紅，目前在某單位服務，頗有上進心，前途無量，老朋友，老同學，聽了誰不高興呢？

他的突然來訪，眞是令我們太意外了！我想，我們得好好聊聊了。可是小許一見面，就告訴我：「要告訴你做一件賺錢的事，不是小錢呵！小錢不賺！」並且從車上搬下許多行頭。又是幻燈機，又是貨品，說明書…足足有三大箱。

馬上在客廳中放映了起來，一面放映，一面說明：「這是美國一個大公司，準備在臺灣成立分公司…如果我們能加入經銷行列，並且推薦親友參加，我們的下屬就會越來越多，獎金紅利也會越來越多…」我心想：這不是以前的某家公司嗎？那時候，大概是三、四年前吧，有一天中午，我突然接到好友小杜的電話，他也是告訴我可以賺大錢兼差，要我在晚上六點以前趕到臺南，我雖不熱衷賺錢，卻喜歡看看老朋友，因此請了假就到臺南去了。

原來小杜參加了某家公司，要推薦我去聽說明會，負責演講者個個能言善道，且洞悉人性的弱點「貪圖厚利」，我被說的有點心動，可是一次要繳四萬八千元買貨品，報紙也紛紛以「某某會」評擊，身爲老師，恐怕不太好，因此婉拒了小杜的好意，不到半年時間那家公司就挨告纍纍，雖都不起訴處分，但這家公司在我心中的形象已經「不佳」，如今又是老朋友要來說服我，眞是令我感觸萬分。

我看到一半，便很坦白的告訴小許，我知道他們的直接傳銷法，我也同意直接傳銷法的確有他獨到的妙用，我並且告訴他，三四年前小杜叫我去臺南聽說明會的事。小許知道我已然了解他們的特質，就不再說明了，不過告訴我他們這個公司和以前那家公司不一樣，雖然使用的都是直接傳銷法，但並不利用「拉人頭賺獎金」同時「貨品不滿意包換」…我看小許如此用心，就更坦白表示我已決心專心看書寫作了，不再做發財夢了，不過既是老朋友，我一定支持他，我選購了幾樣東西，並拿出我已出版的作品，企圖轉變話題，小許說：「詩我是看不懂啦！也沒時間看，我現在只想到M！」當時我的心情的確百感交集，當年和我一起談詩的小許，十幾年不見，竟變得如此厲害，能不令人心驚，我看他已無心聊天，只得再度設法，我想起了朴子的小吳：「喂，小許我們還有一位室友小吳就住在朴子，說不定就有興趣參加！」小許一聽立即表示有興趣一道去朴子。妻和我終於坐上了小許的車子，直開朴子，我心裡感觸很多，像小杜、小許都是當年我認爲最純潔的朋友，是社會大染缸染了他們？還是那家公司「眞夠厲害」？我想到了朴子，幾位老同學見面，一聊起往事，小許就會忘了「做生意」吧！一路上我這麼想著也祈禱著。我也想起了鎭海金山寺的和尚，有人問他江中的船隻有多少種，他說：「只有兩種。」眞的人都逃不過「名」、「利」的追逐嗎？看來毛姆和鎭海金山寺的和尚都是深諳人性的弱點吧？不然我那些朋友怎麼一個個都…唉，我深深困惑著…。

（73．6．22商工春秋副刊）

·47· 山澗的水聲

山澗的水聲

車窗外飄著細細的雨霧，你眼神凝重，面色沉鬱，我一直不知道怎麼和你開口說第一句話。而在我心中起伏的竟是幾個月來我們不斷在討論、激辯的影片「現代啓示錄」，那部由康拉德小說「黑暗的心」改編的電影。

我們激辯的焦點是「寇茲」，那位厭棄美軍虛僞、腐敗的人物，那位自認爲具有「良心」的人物，我們已不止一次徹夜辯論。

終於，你還是決定辭職，去尋覓你認爲有良心的地方，而我眞怕你會和「寇茲」一樣，沉淪到一種可怕的夢魘中去，因此，我暫時扣住你的辭職書，和你出來散散心。

我想我的懼怕不是沒有理由的，因爲我太瞭解你了，我知道你是一個十足理想主義的人，十足無法容納缺憾的人。爲了這個，我甚至於去借高倍數的顯微鏡，讓你看看我們的周遭，我們的用具、食物包括我們的身體，是否能找到一處沒有細菌的地方。

我也知道我所有的努力都是徒勞的，每一次你下班回來，總是一大堆牢騷話：

「什麼東西！我的長官好賭，居然所有好賭的人都變成優秀幹部了！那些以前表現最差的人，現在都翻身了！什麼東西！這是什麼世界！」

我除了安慰你算了吧之外，我還能說些什麼呢！

車窗外的雨越下越大了，遠山近樹都融入一幅水墨畫中，我極想理清那紛亂的思潮，也把視線轉移到窗外，你突然對我說：

「你記得嗎？現代啓示錄片中有一個美軍說：『我們不能離開這條船，離開就回不來了！』那是什麼意思？」

「對了，我正想告訴你的就是這句話，我們都同在一條船上，不論這條船是堅固、是破舊，我們都離不開這條船！」

你又陷入沉思之中了，我多麼盼望你能眞正體會那句話，我們的社會是一個群體構成的，它像一條船一樣，我們無法離開它而生存，離開它，就等於遺棄了自己，「寇茲」就是明證，而我怎樣說服你呢？

這些年來，你曾經不止一次的發脾氣，摔東西，你抱怨這個、抱怨那個，我知道在你心中的陰影既深且厚，實在不是短時間能驅除得了的，我多麼盼望你像一般人一樣，活得恬淡而滿足，何必如此自苦？

雨停了，車子轉進了山區，兩旁的狹谷在雨後顯得格外清翠，溪谷中傳來陣陣潺潺的水聲，我突然記起來，有一年中秋夜，我們遠離了衆多賞月的人群，來到山中，我們都陶醉在那陣水聲之中，月出山巔，我們竟忘了欣賞她的清芬。我必需抓住機會，我說：「你聽到那陣水聲嗎？」

「有，我聽到了，是那水聲，我聽到了！」

我看到你的臉上有難得的笑容，我希望好好利用這個機會。我說：

「你還記得那夜嗎？我們離開擁擠的賞月人潮，我們愉快地欣賞那山澗的水聲！」

「對！我們在山中無人的地方，不必聽到人聲的喧鬧，不必忍受人們製造的髒亂！」

「就是了，這世界總有幾塊乾淨土地吧！何必光是把視線焦點集中在那些不合理的事務上困擾自己，本來社會在進步、轉型之中，有些事一時無法改善，總會慢慢好些的！」

我們選擇了山中一個無名小站下了車，坐在路邊岩石上，欲賞山澗中的水聲，我看到你沉鬱的神情慢慢散去，我說：「辭職書不要送出了吧？」

你終於搖搖頭對我笑一笑，我把辭職書撕成粉碎撒在山澗中。你說：「你又在製造髒亂，污染環境啦！」

（73・5・5商工春秋副刊）

巴頓將軍

二十年前的一個晚上，臺南的實踐堂正在放映「巴頓將軍」，我和幾個同學溜晚自習去看，回來被教官逮個正著。那時候，「南師」管理甚嚴，記過是免不了的，導師張先生找到了我：

「怎麼樣，有何心得？」

奇怪，一句話也沒責怪，我嚅嚅的不敢說。

「說呀！沒關係，你能溜課去看『巴頓將軍』證明你有眼光，何妨說說心得…」張老師微笑著說。

「我認爲巴頓將軍是特立獨行的人，有膽識有眼光有魄力，是作戰奇才。」

「你對他的做人方面，看法如何？比如公文尚未下來，他就自己把階級掛起來，比如做人不圓滑，到處得罪人，以致於被貶…」張老師還是微笑的說。

「我認爲他『眞』得可愛，寧願活在成功的巔峰或失敗的狹谷，也不願意平平庸庸。老師，做人爲什麼要八面玲瓏呢，我很欣賞巴頓將軍，他認爲蒙可馬利是普通的材料就是普通的材料，絕不虛僞奉承。他認爲一個將軍，只要仗打得好其他搞政治、作官，他可以不懂……」我竟滔滔不絕起來。

張老師還是微笑聽著，只是不再表示意見，伸手沖了一杯茶給我。「也許現在你是不懂『喝茶』的，但我還是爲你泡了一杯。哦！對了！你們快畢業了，二十年後再去看「巴頓將軍」，看了再來和我討論心得。」那時候我還有二個月就南師畢業，心想：「出去一定可以好好發揮」，我端起茶，一飲而盡，走出導師辦公室。

去年秋天，我有幸又租到一卷錄影帶「巴頓將軍」，看完後，我如約定，到臺南找張老師，張老師已經退休了，住在南門路的宿舍裡。我抵達臺南的時候，已是晚上八點多鐘。

「老師，我來履行二十年前之約，順便探望老師和幾個住在臺南的同學。」我說。

「哦，已經二十年了？」老師放下手中的「聊齋」，抬起頭來微笑著看我，仍然是二十年前的微笑。「怎麼樣？是不是有不同的心得？」

「對！老師，巴頓將軍如果懂得八面玲瓏，他的理想可能更容易實現…」我說。

「眞的？」老師又起身爲我泡了一杯茶。我一小口一小口的吮著。「這茶味道不錯！」我放下茶杯。

「你已懂得喝茶了？」張老師又爲我加了一點水。

我們一面喝茶，一面聊著，我把看「巴頓將軍」的心得很仔細的說給老師聽。

「我想這二十年來，你是碰到不少挫折，才有以上的感想。其實，也不一定要做太大的修正。你研究過河流嗎?它從高山流下來，遇到阻石自然會……」

我們聊得很愉快，等我要告辭出來的時候，才發現燈下的張老師有滿頭發亮的白髮。

（73·1·28商工春秋副刊）

致某詩人

和你走在斜陽下的小路，沙崙習慣性的晚風，吹得你的頭髮作亂草狀，雖沒有怒髮沖冠，但加上你木然的神情，使我感到一種十分沉鬱的氣氛。你說：

「那年我們一起在南部唸高中，小鍾一直佩服我的詩作，後來我們一起到北部唸大學，我唸臺大，小鐘唸東吳，我已是國內各種詩選的入選者，而小鍾才寫一些雜得不能再雜的小文章。

幾年沒有消息，如今小鍾已是某大學文學院的院長，而我卻辭去教職，只做個小商人，還在寫一些塡報屁股的小詩……」

我可以領會你的心境，因此默默的聽著你的滿腹牢騷，人的際遇，古今中外皆然，平庸者平步青雲，比比皆是，你奈他何？最主要的是自己如何自處了。我說：

「小鍾一帆風順，我們該爲他高興，畢竟，他是我們的好友啊！」

「哦！不，不，我絕非嫉妒小鍾，我只爲自己神傷……」

我們走著，沿著沙崙的小路走著，我希望在適當的機會，給你一點藥方，一點治療你心病的藥方，否則長此自怨自艾，怎受得了？

其實，你是知道的，選擇了寫詩這條路，尤其是純粹的創作，若不能擺脫掉世俗的名繮利鎖，那「痛苦」就無法避免了。

我們以前不是一起嘲笑過某詩人嗎？那位詩人在一篇文章說：「……眞後悔愛上寫作，如果把時間花來準備高普考或留學考，早就……」，我們嘲笑他既然當了和尙，又想吃肉……。

又有一次，你來這個多風沙的小鎭找我，我帶你到路旁小攤切了幾盤下酒菜，正淺嚐低酌之際，電視上剛好播放楊麗花的歌仔戲「薛仁貴征東」，恰好演到薛仁貴被奸佞小人陷害，並搶奪他的功勞，你不勝唏噓的說：「古今中外，這種情形太多了！」

既然你都如此了然，爲何又無法豁達呢？

又有一次，你參加徵詩比賽，公佈得獎名單沒有你，正好許多寫詩的朋友，一起喝茶聊天，並爭看入選作品。沒有參加的人說：

「哈！這種並不好的『散文』，居然得首獎，今後我們寫詩可有信心了！」

你卻說：「被這麼敗的作品打垮，可見我的作品有多差……」

那天之後，我就再也沒有看到你的作品了，去了幾次信，也沒有回音，我眞想再和你聚聚，再聽聽你的不滿，看看你微微傲然的神情。然而，你現在在那裡？

我倚著讀星樓的小窗，看著飄忽的雲朵，人生本來就如幻似眞，詩人，何必太強求？如果你眞的失望，請你相信，至少我還很欣賞你，欣賞你的純眞不作僞。畢竟，這世界上要找幾個眞正的人，還不多見呢！

來吧！讓我們擺開這些世俗的煩惱，一起去切幾盤豬頭肉，痛快喝幾盅吧！

（73・1・9商工春秋副刊）

聽雨

那夜突然被一陣嘩啦嘩啦的雨聲吵醒，遂起身披上外衣，靜坐窗前聽那激切的雨聲。

這一陣雨下得實在大，同時屋簷蓋有塑膠雨棚，雨打在上面，聲音特別大，彷彿千軍萬馬殺將過來，我側耳細聽著，心中竟然百感交集。

年輕的時候，最愛坐在樓上陽臺前看細雨濛濛的雨景，聽淒淒切切的雨聲，尤其愛讀有關聽雨的文章，有關「雨的弦律」等文章，皆在剪貼之列，偶而在小說中看到「聽雨軒」這個名字，直佩服主人會命名，脫俗得很。

不過說實在的，那時喜歡觀賞雨景，愛聽雨聲，多少受了一些文章的影響，如果說附庸風雅，強說愁亦不爲過。那時根本不懂聽雨客舟中和聽雨僧盧下有什麼區別，更別提巴山夜雨是什麼滋味了！

隨著年齡的增長，逐漸能夠體會不同的時間，聽雨會有不同的感受，尤其不同的心境，更會有不同味道。得意時，雨聲如策馬狂奔，輕快雄壯，失意的時候，雨聲卻令人心煩意亂，沈悶得很。

今夜雨聲擾我不能入寐，卻讓我有獨自冷靜沉思的時刻。年過四十，生命已由絢麗逐漸歸於平靜，二十歲以後這二十年中，也不知忙些什麼，追逐些什麼，總沒有靜下心來聽雨的時刻，對大自然的一切風聲、水聲、松濤之列的天籟，常在無意中忽略。我想，如果我得到些什麼，想必也失去不少。

我起身泡一壺茶，決定今夜不睡了，要在雨聲中，好好的想一想。過去，現在、未來。

（73．7．11商工春秋副刊）

蓮池畔

學校慎思樓前，有一個小小的蓮花池，每當夏秋之交，蓮花總開得特別艷麗，尤其清晨薄霧籠罩的時候，她更像蒙了面紗的美人，常吸引我駐足觀賞。

這個小蓮花池雖不大卻養了各色各樣的金魚和錦鯉，工友老王和老劉到各地垂釣，遇到色彩鮮艷的魚就帶回來放生，目前已數不清有多少條魚啦！

老王和老劉最討厭頑童到蓮花池垂釣或網魚，因此看得特別嚴特別緊，很少有魚失蹤過，他們兩人經常清除蓮花敗葉及髒物，因此池水清澈無比，站在池畔，觀賞魚游，其樂眞是無窮。

謝老師和我一樣，經常在早上七點鐘左右到校，一方面可以看學生早讀，一方面欣賞蓮花及魚兒悠遊自在的覓食，常常忘了外面的世界紛爭無比。謝老師每次都帶一個饅頭來餵魚，看著魚兒爭食，心中大樂。

有一次我問謝老師：「這蓮花池養魚實在不錯，想不想在家中弄一個？」謝老師笑笑說：「現在建地寸土寸金，那來空地建蓮花池？何況我們早出晚歸，大部份時間都在學校，這兒有一個大家共同觀賞就不錯了，又有人幫忙整理，何苦一定要在家裡弄一個！」

說的也是，人們常爲了「擁有感」而拚老命去賺錢弄洋房別墅，建好了也沒時間欣賞、享受，我想國家公園的設計與規劃眞是有道理，大家共同擁有，共同享受，「獨樂樂不如與衆樂」，只可惜人們知識及道德水準不夠，常認爲是公家的而不知愛惜，亂摘花木，亂丟紙屑果皮，本來好好的天然美景都被破壞了。

學校有這麼一個蓮花池，竟帶給我整日的快樂和振奮，你不覺得嗎？

（73 · 7 · 11商工春秋副刊）

人性的怪胎

近日來一直在觀察人類，研究人性，而我越鑽研越發現那是一件很恐怖的事。

尤其是今天下午和老廖、小蔡他們一起觀賞彼得奧圖主演的「羅馬色情史」，我敢說誰看了誰會吃不下飯。羅馬昏君在為部屬主持婚禮時，竟然當著新郎的面強暴新娘，他的理由是：「檢查看她是不是處女！」新郎在難過、痛恨之下，只有掩臉、頓足捶胸，然而痛恨儘管痛恨，在面對著有無比權威的羅馬皇帝之前，你又能如何？

是誰說過：「最可惜的是才子當了皇帝，如宋徽宗、李後主……最可嘆的是有德之士不當皇帝」？古今中外往往是無德之士當道，如羅馬那位皇帝，自己酒池肉林倒無關係，竟然魚肉百姓，殘害無辜。整個下午，始終有一隻旋轉刀在我腦中盤旋不去，刀枱上那個面對快速旋轉飛刀的驚恐頭顱，一直痛擊我的心窩。而當時的羅馬貴族們居然笑容滿面猛丟水果去試試旋轉刀的鋒利，於是那個驚恐的頭顱也在貴族、昏君的嘻笑聲中，被切拋老遠老遠……。

整個下午我坐在書房裏回想著最近看過的影片，「暴君焚城錄」、「賓漢」、「十誡」，以及描寫「殺人魔王希特勒」及烏干達的總統「一代暴君——阿敏」，我的每一根神經都抽得緊緊的。

他們可以隨意殺人如殺死螞蟻，他們可以觀賞「奴隸鬥士」的廝殺，他們為勝利的一方歡呼。希特勒甚至集中猶太人用瓦斯一次毒殺五萬人，在集中營中實驗他的「滅種計劃」——閹割猶太人，每次看到這種影片，我總難過的狂喊：「為什麼這種『人』一再出現」？

我們往往感嘆人類只知追求名利如鎮海金山寺的老和尚說江中的船隻只有兩種——一種為名，一種為利，我們往往感嘆人性有枷鎖，如毛姆寫的小說「人性的枷鎖」，而毛姆小說中的主人翁只不過突不破自己的困境而已。如果你也面對著這些人性中的「怪胎」，我看連感嘆也來不及了。何況他們又是握著絕對無比的「權勢」，感嘆於事何補？

近日來，我的的確確發現人性有自私、貪婪、爭名、奪利……等很多醜陋的嘴臉，如果不要發展成為那些影片中的極致「怪胎」，我們就稍稍放寬標準——原諒他們吧！然則，誰又能發明一種藥物或利器去防治或消滅這些「怪胎」呢？

（72・7・27自立副刊）

過節有感

中秋節那晚，正與妻在三樓陽臺賞月，小孩吃月餅、文旦，我則吹笛助興，突然客廳中電話鈴大響，雖氣惱不知何人打擾雅興，但也不得不直奔下樓接聽。

「喂！老楊嗎？沒有外出賞月啊！我是小林啦，唉呀！眞是氣死人，開著車子帶太太到蘭潭賞月，居然連站的地方都沒有，人潮洶湧，頑童又亂放鞭炮，妻的上等衣物被鞭炮燒了一個大洞，好幾個小洞，我們一路吵著回來，現在還沒完呢！」

「唉呀！小林，你怎麼搞的，也跟人去湊熱鬧，來吧！帶太太到我們這兒賞月，這裡是郊區，人少屋稀，清靜得很，我們也可以好好聊聊！」

「好！好！謝謝你！」

我放下聽筒，心裡想著，這不是十幾年前的我嗎？大約是民國六十三、四年，我尚未有小孩，常和妻到處跑跑，有一年中秋，也是到蘭潭去賞月，機車寄在入口處，等到進去之後，發現人多吵雜，根本不是理想的賞月所在，只好廢然而返，出到寄車處，竟然不見看車人，車子亂成一團，找了一個多小時，才找到我那輛破車，聽說還有人遺失車子，看車人也不知是誰，早已不知去向，無法索賠，弄得十分不愉快。

自從那次教訓之後，我再也不跟人湊熱鬧，凡是有連續假日，絕不出門，以免跟人擠車，開車過收費站也要大排長龍，凡是中秋節，一律在自家陽臺上賞月，充份欣賞月兒的清芬。

其實，現代人也眞可憐，平常難得有假日，一遇假日，則全家外出，呆在家裡絕不甘心，若同時擠到一個風景名勝區，其擁擠吵雜可知，尤其是中秋夜。若不外出，在家看電視，又無好節目，且平白損失一個假日，當然不願意，於是問題就來了。不外出，覺得好像沒有過節的氣氛，要外出又會遇到像上述的場面，豈不兩難了？同時有些人自己不知如何過節，一定要隨俗，比如放鞭炮，放得恰到好處，當然可增些氣氛，但往往一放不可收拾，中秋節外出時，頑童以沖天炮戲弄婦女更時有所聞，有人甚至被傷及眼睛。北港迎神賽會那天，我明知道很熱鬧，也有許多民俗可看，可是除非有遠道朋友來，我陪他們去看一下，自己絕不去欣賞，我實在害怕不停的鞭炮聲，尤其成堆的放。

當然，熱鬧的時候，人看人也是一種享受，我的朋友小白就遠從花蓮到北港住了一晚，要欣賞大甲媽祖出廟門時，五萬多人同時跪下，鴉雀無聲的肅穆氣氛。有些朋友甚至在人潮散去之後說：「不熱鬧嘛！」是的，有些人並不一定要欣賞月光，他們是去湊那一份「熱鬧氣氛」，如果中秋節那晚，他到某一個風景區去而碰不到人山人海，他才會無趣而返呢！看來每一個人還是各取所需吧！像我的朋友小林，只好來我家陽臺，陪我「孤寂的賞月」啦！

不過話說回來，培養一點精緻的文明，高雅的過節心情，卻是現代人必需冷靜思考一下的吧？比如我常在半夜被鞭炮聲驚醒，小孩嚇得直哭，我當然瞭解鄉下民俗，「拜」天公要半夜放鞭炮，我也瞭解婚喪喜慶他們需要熱鬧一下，但特大聲的「麥克風」，吵得我無法安寧，卻是他們從不考慮的啊！看來我一定要裝上隔音設備，才能有安寧的日子。中秋節不要讓嫦娥笑我們髒，過節、婚喪喜慶是否也要來一個「不要讓人嫌我們吵」呢？

（73·11·14商工春秋副刊）

偷得浮生半日閒

武陵農場雖然聞名已久，卻從未造訪過，原因不外俗務太多、不方便、沒有機緣等，那天，總算因爲學校舉辦旅遊而實現了多年的願望。

車子到達武陵農場招待所的時候，已經是下午五點多鐘，夕陽還留有一抹金色的餘暉在天邊，我下了車，看到的竟是和嘉南平原一樣的一塊開闊的土地，剛種下的菜苗才幾公分高，說眞的，我有幾分失望的感覺。小蔡可能看出我的心事，小聲的告訴我說我們來的時間不對，否則一望無際的菜園，結實纍纍的果園，可眞漂亮呢！

果然，許多人和我一樣，開始對這次來武陵農場感到失望，尤其是住宿的地方，是木板大通舖，就像當年住成功嶺的營房一般，入夜後唯一的一架電視又不清晰，有人開始抱怨，並且嘀咕主辦人，什麼地方不好去，偏來這個鬼地方。

於是晚上有人打牌打發時間，有人圍在一起聊天，海鏜帶來泡茶的用具和茶葉開始泡了起來，我也加入他們的行列，總算可以勉強度過一個難捱的夜晚。

第二天一大清早，突然被一陣水聲驚醒，原來窗外正下著小雨，招待所附近那條小溪終於唱了起來，我披上外衣，前去敲女士們的門，把太太喊了出來，一道去聽水聲，好久了，我們未曾一起欣賞溪水奔過石隙的聲音，我們靜靜的坐在武陵吊橋頭，感到無限的舒暢，昨夜的不快，以及多年來生活的庸庸碌碌，一下子忘得一乾二淨。

用過早餐之後，主辦人才宣佈，早上是探訪煙聲瀑布，我心想這裡還有一個這麼「美」（光看名字）的瀑布，怎不早說，否則昨天晚上也不要抱怨了一夜，什麼單調乏味啦，什麼睡大通舖，夫妻分開，一點也沒有羅曼蒂克的味道啦。現在好了，我和妻一馬當先，沿著小徑蜿蜒而上，此時附近的山都罩著一層煙霧，實在好看，我們經常停下來嘆賞良久。路是遠了一點，走到煙聲瀑布的時候大約要一個多鐘頭，不過由於我們早來，路上美景無限，也就不會有累的感覺。我體會到到山區遊玩，一定要早一點，趁著晨霧未退之前觀賞，一定別有一番風味，尤其下了一陣小雨之後。

煙聲瀑布的確美，尤其是有一片古松懸在瀑布兩旁，瀑布一瀉而下，消失在一片煙嵐間，岩壁上題有趙恒惕的字「煙聲」，我相信，任何人到了這裡，一定會有俗慮漸消之感。站在瀑布前，細細的水花，飄到我臉上，我看到妻的髮絲也有幾顆晶瑩的水珠，我們不覺相視而笑了。妻雖未說話，但我相信，此刻，她一定不會嫌我庸庸碌碌了！

（73·10·13商工春秋副刊）

求醫受害紀實

晨起讀報，見七四、一、十日商工第八版載：某醫生疏忽診斷，注射藥物不當，致造成胎兒分解死亡，該醫生謊稱子宮內長有疑似腫瘤，需要割除，費用五、六萬元，該受害孕婦至榮總求診，始知受害、受騙……嗚乎，像這樣的新聞報導層出不窮，吾友渡也、羊牧也曾爲文痛斥庸醫誤人，何以一再有類似情況發生！

夫醫生者，救人之職業也，其社會地位之高、收入之豐、之受人敬重，自不在話下，何以常有不學無術、不肯研究上進、誤人性命、使人痛苦、損失金錢者充斥其間？

筆者所住小鎭，流傳了一些令人痛心的笑話，某婦人子宮長瘤，有位婦科醫生竟然診爲懷孕，另一位婦女懷雙胞胎，該醫生也診爲「怪胎」，有兩個心跳。其他流傳勾結計程車司機，送予厚禮，每載一名病患到院，致酬一千，購買勞保單圖利……等更時有所聞，何以一些擁有「高尚職業」的醫生，其不知恥到這種地步？

誠然，有許多醫生，既有醫德又有醫術，不可一枝竹竿打翻一船人，但筆者近年來遭受醫療上的折磨，卻不能不在此一述，供讀者參考，以便趨吉避凶。

話說數年前，筆者爲了上班方便與內人遷居某小鎮，當時內人懷孕六個月，有天夜裡，突然腹痛，半夜扶持出去尋找婦科醫生診治，由於人生地不熟，看到一家掛了「昇×婦產科」招牌極醒目、美觀，可能係一家大醫院，醫生當然也不差才對，想不到進去之後，醫生一番檢查，竟然動了胎兒，導致流產，後來得知該醫生係小學畢業，曾在醫院打雜，有了一些醫務常識，竟然租用退伍軍醫牌照行醫。

另有一次，我的頭部毛囊發炎，到鎮上某有公保之醫院求診，該醫生竟在患部打了一針「尼可新」並未剃髮、消毒，因此潰爛起來，只好另外找一家皮膚科診治，該皮膚科遠近馳名，諒不會有事了吧？醫生說要開刀，由於是小手術，就同意他做了，只花了千把元，並不貴，但是取藥時，從窗口看到醫生執照「覃×，北平市人，六十二歲」，剛才那位醫生不是本省籍人士，只有四十來歲嗎？哇！又遇到租用牌照的醫生。我眞不知道他們是如何可以安穩行醫，而不被抓？試問醫師執照都可以租用，其他駕照、畢業證書…可以不可以租用？

如今，我頭部的傷痕雖然癒合，但還紅紅的，時常癢，用指輕壓，還會痛，自知尚未痊癒，但幾次求診的慘痛經驗，使我至今不敢輕易進醫院之門，讀者若知道有眞正名醫，不妨告訴我，若能治好此頑疾，我還眞要好好謝謝你呢！

至於租牌行醫，這種人人皆知的秘密，難道有關當局都無所聞，或束手無策？至於合格的庸醫，只有求他天良發現，小心診斷，努力進修了！

（74·2·2商工春秋副刊）

富足之外

現在除了少數鄉村小道、山路外，已經很少有石子路了，每次走在石子路上，總會想起唸小學時赤腳走在石子路上的歲月。

民國四十年，我進入小學，學校距離住家約有三公里，走路約三十分鐘，通往學校的大馬路未舖設柏油，都是碎石子，我們窮人家的小孩，又沒鞋穿，赤腳走在上面，疼痛無比，有時遇有尖銳或破玻璃，還會被割傷，血流如注，若遇這種情況，當時的土法止血是以沙敷在傷口上，現在回想起來，眞是不寒而慄，當時根本不懂衛生不衛生，會不會破傷風，只知道血不流就好了，貧窮，實在可悲又可嘆。然而富有是否就一定好呢？看來也不盡然。前些日子到臺中拜訪一位老同學，小時候和我一道赤腳上學的小林，現在三個小孩，兩個唸私立小學，學費其貴無比外，每天親自以轎車接送，另一個大的唸私立衛道中學，每天坐計程車上下學，有四個同學合租，每月一千八百元，小林戲謔說：「我在種人參！」他每天到處兼課，爲了付龐大的費用，小孩除了唸書外，其餘完全不必操心，可是小孩們卻在作文及日記本中，一再呼籲：「還給我們快樂的童年！」

在我認為，他們的童年，勝過我們當年多多，不要說赤足走在碎石路上上學他們不懂，他們更不懂寒冷的冬天，穿一件單衣，把頭低低的埋在胸前，在路旁的排水溝中奔跑上學的痛苦景況，有時我把這些事情告訴現在的學生，他們都不解的問：「為什麼不搭車或騎車？」更有的採懷疑態度問：「排水溝中怎麼沒有水？走在排水溝中到底溫暖多少？」的確，也難怪他們，如人飲水，沒有經歷過的事務，要他們瞭解，的確有些困難。

每次走到碎石子路上，都會想起那段生活艱苦的童年，如今和我一樣從石子路上走過來的人，唸書的都有一份安定的職業，小學畢業後去當學徒的，大部份都已成為該行業的師傅，甚至成為老板。因此每當回憶起那段艱辛的童年，再想到現在不良青少年如此之多，總是感觸萬千。

社會進步繁榮是對的，然而因為富足而帶給我們負面的影響，是否應該稍加注意呢？如果因為富足，而使我們的下一代變成軟弱，經不起考驗，我寧願回到那赤足走在碎石路上的時代。

讓我們的下一代接受一些應有的磨練和考驗吧！我誠懇的呼籲著。那走在碎石子路上的童年，雖然辛苦，卻幫助我們成長啊！

（74・2・15商工春秋副刊）

監考趣譚

監考就是防止考生作弊，有什麼趣味可談？筆者在十幾年的教書生涯中倒覺得有些趣事，可以在此一談，以博君一笑。至於考試太多，太折磨人的部份，也希望大家研究，謀求改善。

話說臺灣教育特重智育，尤其特重筆試成績，君不見聯考總分達到某種分數，即可錄取某大，因此作弊奇招紛紛出籠，什麼「作體操」、「摸鼻子」以至於「電子器材」作弊時有所聞。筆者未能有幸參加聯考監考，謹就在高中監考時所遇到的趣事，稍加敘述。

回想第一次監考時，在考試鐘響之後，和一些同事抱著考卷走到教室，竟然發現學生在教室門口探頭張望，等到一進教室全班都拍起手來，並大聲喊：「老師好！」嘿！居然比平時禮貌多了。雖然如此，我還是眼觀四面耳聽八方，嚴格防範，一節下來，嚴格之名，不脛而走，以後再到任何教室監考，總聽到「睏去了！」（臺語，完了之意！）後來與同事在聊天中得知，學生們精得很，誰監考嚴、誰監考鬆打聽得清清楚楚，他們一看到老師進去，拍手歡迎者，表示寬鬆級，嘆息聲此起彼落者，表示嚴格級，而我，不幸被列爲「嘆息」的一級。

平常教室不一定有報紙，可是到了考試，講桌上常常備有報紙，原來學生希望你「努力看報」，不要太注意他們的動靜。這一招，聽說還滿管用，不過遇到劉老可就沒效了，他常在報紙上用筆戳一個洞，仍然一目了然，有一次，竟然逮到五個作弊者。然而，從此以後，劉老監考，也就沒報可看了。

同事小鄭向以抓作弊著稱，什麼奇招都逃不過他的法眼，他曾抓到原子筆上刻了一百多個英文字，數十條數學公式者，小小一隻原子筆，竟能刻這麼多內容，大家在觀賞那隻原子筆之餘，紛紛讚嘆學生「神乎其技」，可以寫一篇「原子筆記」和「核舟記」比美。有一次他發現一個女生作弊，請來女教師，終於查出答案寫在大腿上。妙哉，此招。

除了作弊妙事太多，不便一一記述之外，學生們作答的神情百態，也頗有可觀。有咬筆苦思狀者，有呆望天花板者，有左顧右盼求援者……不一而足。有一次，我發現一個學生伏在桌上睡著了，本以爲，他已答完卷子，走過去一看，原來是想著想著竟睡著了，我雖然叫醒他，但已來不及答完，鐘就響了。該生頓足捶胸，但也莫可奈何，下次努力吧！

監考時也可以發現學生和社會上的人一樣，對成績看法可以分好幾等。有人匆匆答完卷，一看已有六十分，就瀟洒的交了，正像社會上的某些人士，不願花太多精神去追逐名利，能溫飽足矣！有的充分利用時間，逐題苦思，雖只有一題答不出，仍然表現出一副十分失望的樣子。正像社會上某些人，已腰纏萬貫，仍然汲汲營營，不可終日。

監考時還可以發現考試對學生折磨之大，憑良心講，我雖然希望考試可以督促學生用功，考出他們的學習成果，但每次考試總發現平日健康活潑者，突然安靜多了，再仔細一看，目光呆滯、面色蒼白，考後一問，原來他們通宵未睡，猛K書以便過關，心中總是無限不忍。可是回過頭來一想，整個社會如此，「生存競爭」如此激烈，又覺得愛莫能助。常聽人呼籲：「減少考試次數！」可是事實上凡預備升學的學校，週有週考，月有月考，還有什麼模擬考、學力競試，每堂又有隨堂小考，大大小小考試，每學期不下數十回，難怪有人在考字旁加一個火字，尤其升學考都在七月暑熱正盛中舉行，眞不把人「烤」焦才怪。

很抱歉，寫監考趣事，居然寫到這麼令人傷心的話題上，不過我實在盼望，不久將來，情況能夠改善，學生的負擔能夠減輕，那時學生能輕輕鬆鬆考試，我也可以輕輕鬆鬆監考。

（74·3·15商工春秋副刊）

小琉球之旅

元月二日和友人去了一趟小琉球，忍不住又感觸萬千。第一次到小琉球，大概是民國五十七年，那時我在高雄唸書，和幾個同學選了一個星期假日，坐渡船去玩了一天，船比現在坐的小了許多，大概可坐三、四十人，由於船身小，行在海面，顛簸得厲害，很少不暈船的，如今船身又大，約可容納數百人，也可停放機車，站在船舷邊觀賞掀起的浪花，眞是快活無比，同事李先生竟想起蘇東坡的念奴嬌，直說船頭衝起的白浪，眞像「捲起千堆雪」呢！

我們玩了美人洞、烏鬼洞……等勝景外，又坐了玻璃船，欣賞海中的奇觀，大家都覺得不虛此行。我除了玩得愉快之外，也了解了這遠離臺灣，孤懸海中小島的一切，十幾年前，根本看不到鋼筋水泥的樓房，除了正在興建的廟宇較雄偉外，其他建築，幾可比美魯賓遜漂流記中小屋的簡陋，而現在樓房林立，如果不是知道身在小琉球，還以爲是在臺灣的某一個市鎮呢！馬路是柏油路外，這裡也有自來水，導遊司機告訴我們，政府花了大筆經費，裝設海底電纜，這裡不但有自來水，也有直撥的電話，唯一不方便的就是子女就學問題，這裡最高學府是國中，若要唸高中，就只好到本島「留學」了！

在旅遊途中，我遇到了一位在鳳山高職唸書的小女孩，正在向遊客推銷魷魚絲，長得清秀可愛，很會說話，我向她買了一些，問了她許多問題，她說島上有一萬多住民，並沒有人覺得有什麼地方不方便，每天來往渡船很多，不到四十分鐘，就到高雄了，住民捕魚之外，觀光客也為他們帶來不少財富。這就是我感觸最多的地方了，因為我看到不少關切現實的文章，除了描寫黑暗、貧窮之外，很少把眼光放在「光明」的一面。我想連這個小小的島嶼，孤立在海中的海嶼，政府都不惜花費巨資，本島情況的改善，當可見一斑了！

在回程的路上，和一個外國的觀光客聊了一下，他說他遊覽了不少地方，臺灣風景算美的，可惜太「髒」了，我不好意思的笑了笑，不要說渡船港口的油污、果皮、紙屑，就連海底奇觀的美麗珊瑚旁，也常有塑膠袋和易開罐的瓶子，國民素質的提高，已經到了刻不容緩的地步了。

新的一年開始，玩了一趟小琉球，感慨於這裡進步的神速，對未來美好的遠景也有更高的期望。只是，同胞們我行我素，依舊髒亂，卻也感到心急如焚，何年何月才能讓世人讚美我們「美麗之洋、婆娑之島、乾淨的土地」呢！

（74·1·18商工春秋副刊）

現代人快樂嗎？

現代人快樂嗎？這是一個值得深思的問題。人類不斷的努力研究和創造，不論科學或其他方面都有一日千里的進步，人類已經不愁衣食，除了少數落後地區尚需爲「生存」而掙扎外，大部份都已沒有「生存」困擾了，剩下的只是「生活」問題了，然而這些沒有「生存」困擾的人，生活得快樂嗎？

吳心柳先生在「未名集」的「常存感激之心」乙文中說：「……（以前）大家愁吃愁穿工作不安定，待遇菲薄，可是人與人、人與社會的關係好像比較眞誠與單純，能有些許之得便很容易滿足。……如今，生存的問題不大了，可是生活的問題卻來了。……倘有些好學深思之士再想到未來和生活的意義，存在價值等哲學上的『生命』層面，就更不容易快樂。……可是，一個人如果不快樂，財富、地位、盛名、美貌等等就會變得毫無意義。……」我爲這段話思考了良久。爲什麼？因爲我發現現代人的確有很多人生活得不快樂，他們不一定是吳先生所指的「高層次的」「哲學層面」上的不快樂，而是生活無憂，時間太多，不知如何打發，常常嘴巴嚷嚷「寂寞」啊，「痛苦」啊，「無聊」啊！大家可以從蘇芮的歌——痛苦的吶喊，受觀衆的普遍歡迎得到印證。對於現代人這種意識型態上的不快樂，如何去疏解呢？的確是一個很令人耽心困擾的問題。

張培耕先生在「歷史性的文化事業」乙文中，對人類科學昌明，因而「無視於心靈信仰的重要」，甚至宣稱「上帝已經死了」，他指出其結果是：「心靈的天堂摧毀之後，才有今日的人心徬徨苦悶，以及社會的邪惡、暴力與擾攘不安。」眞是一針見血，洞見當代人痛苦的根源。

我曾經親眼看見許多純樸的鄉下人，虔誠的手持三柱香，在神廟中跪拜，他們雖然知識不高，卻活得恬淡滿足，他們把一些不幸的遭遇，痛苦，都寄託在祈求禱告間而獲得疏解。現代人的痛苦除了「汲汲名利」，在高位者怕有朝一日失去權勢，而患得患失，咎由自取外，大部份的人都是生活得太舒適了，以致於無中生有自尋煩惱。很多人住在冷氣房中，冰箱存放各種飲料蔬果，竟會認爲無一可口，這使我想起我們在長途跋涉之後，一杯清水，居然香甜可口，此中道理，很值得深思。

楊子專欄有一篇「冠蓋滿京華」，談到「斯人獨憔悴」令人佩服之至。他認爲不論古今中外，「政治權力總是人們追求的桂冠」，求之不得，就自認懷才不遇，命運坎坷而至「斯人獨憔悴」，我想這種人的痛苦，就是前面我所說的「咎由自取」，除了自己看開之外，別無他途。

目前教育普及，人才到處是，如果稍一不如意就自認爲「懷才不遇」，甚至自比古人被貶時的辛酸，那他的痛苦將永無休止了。古時一些文人做官，官未做好而被貶，所留下來的辛酸文章欣賞則可，讓它來感染我們，使我們也有類似的意識，則期期以爲不可。

現代人快樂嗎？如何才能快樂？這眞是一個不易回答的問題，我看只有讓痛苦的人自己去處理了，別人是幫不上忙的。

（73·9·1商工春秋副刊）

浮塵二、三事

四破魚

有一次隨旅行團遊北部濱海公路，在一個小休息站看到有人賣「四破魚」，白活了三十幾年，從未吃過四破魚，因此大家一擁而上，每人買了一條，不消五分鐘，一堆炸魚賣得精光，每一個人吃過之後，你看我，我看你，原來和一般海產店的油炸魚一樣，換了一個新鮮的名字，竟然造成搶購，直佩服這一位賣魚人「高明」。

觀盆栽展

某日帶班上同學到鎮上去看盆栽展覽，各式各樣的盆景，美不勝收。回校之後，我讓學生發表觀後感。

李生首先發言，認爲那麼精美的盆栽，不但可以賞心悅目，也可以怡情養性。我心想此論平平，但仍然點頭表示稱許，以示鼓勵。

王生接著說展出的盆景，盆盆精美，修剪方式匠心獨運，可見只有辛苦才會有收穫。此生已能自盆景思考到為學做人，不錯，我再請其他同學發表。

張生沉吟了半晌，站起來說，許多盆景，修剪不少，外加鐵絲纏繞固定，想來學生接受教育，受許多限制，發展可以發展的，剪去不必要的，道理和盆栽相似，我們必須體會此中道理，不能埋怨許多方面受束縛。善哉！張生能想到教育原理上。我讚美幾句，再請其他同學發表。

平日最調皮的林生，此時站起來發表他的觀感，他認為植物必須根植大地，才能正常發展，種在小小盆中，如何能成為大樹？何況朝夕受人照顧，一旦屋主離家數月，其不枯死才怪！他主張人們不能為了觀賞它們，而來「虐待」它們。哇！眞是越來越精采。

想不到觀賞盆栽，還能從各種不同的角度，探討許多道理，看來我們觀察各種事物，也必須如此，否則直線思考，體會得到的自然少得可憐。

小劉的父親

某年到某中學宿舍去看朋友小劉，碰巧小劉的父親正在對他大發脾氣，小劉告訴我他父親留日習法律，在大陸時期曾在某名將手下擔任極高的職位，來台後委屈在鄉間一所中學教國文，因此脾氣很壞。他規定兒女不准習法律和藝術，因此老大目前留美是電腦專家，只有他寫現代詩，常常挨罵。我看了一下他家中擺設，幾幅鄭板橋體的書法，齊白石類的花鳥，雖是臨摹還眞能得其神髓。小劉告訴我，他父親一生氣就埋首作畫、寫字，卻從不示人，只掛在家中，自己觀賞，也因此常自怨自艾。有一次，他當年的老長官某名將寄來了一張請帖，他連看都不看就丟到字紙簍裏。在他服務的學校中，脾氣出奇的壞，人人敬而遠之，退休時校方還特地放鞭炮。小劉談到這裏，竟難過得流下淚來。送我出宿舍大門時，遇到一位老士官，退伍後在這個中學當工友，服務認眞，和藹可親，人人叫他周伯伯。小劉說，我寧願父親像周伯伯一樣，平凡而快樂。

林教授

我在某校唸書的時候，林教授教我們英美文學，風度翩翩，據一位美國籍的伯曼教授說：本校只有林教授的英語說得像道地的美國人。許多女同學都很欣賞他，常開玩笑說，林教授若不是神父，就要追求他。

大三那年，林教授要結婚了，對象是一個外語學校的女生，同學們在驚訝之餘，紛紛表示後悔沒「及早行動」。

最近開同學會得知，林教授渾身是病，早與太太分居，在學校裏教最冷門的科目，脾氣古怪，學校對他很頭痛……。聽後感想良多，本來我們一直以爲系主任非他莫屬，研究所所長更是只有他有能力兼任，而今……，唉！看來人的際遇就像風雲變幻，如何掌握有利時機，如何排除危難，就得細心體會了。我祝福林教授早日恢復往日雄風。

（74·3·23自立副刊）

小鎮的秋天

友人從異國來信頻頻問我：「小鎮已經秋天了嗎？」我猛然驚覺小鎮已經是秋天了，而且已是深秋，並且略帶寒意。友人爲什麼突然問起季節來呢？是不是去國多年突然忘了這裡的一切，包括經緯度以及時令季節等等，而我看他字裡行間也流露出秋天的味道，是不是他的心靈也有秋天的感覺？

最近時常感到自己的器官都遲鈍了起來，視力衰退，看報必須檯燈或者把報紙拿遠一點，看來我是必須去配副眼鏡了，聽覺好像也不太靈光，妻老是對我大吼，說太小聲我是聽而不見的，至於感覺遲鈍，那就更不用說了，我甚至不知道季節的變換，以前我常怪空氣調節器使我不知春夏秋冬，而現在我要怪誰呢？我住在小鎮，只有夏天使用冷氣機，上班的地方也沒空調設備，何以仍然遲鈍，仍然不知道小鎮已經是秋天了，而且是深秋，有些寒意了？

我想我的感覺不但遲鈍而且有些麻木，不然怎麼我竟然體會不出友人在異國的心情，也是一片秋意襲人？他在信中頻頻問我：「小鎮已經秋天了嗎？」並且告訴我目前已沒有當年意興風發的氣概，不再想拿學位，回國講學了，他說，回想當初賣命苦讀，暈倒在異國的圖書館裡，簡直是不可思議，他經常一個人流浪街頭，迷迷糊糊的有時找不到自己住宿的地方，教授要他交一篇作文：「論人生」，他竟然只繳了一張白紙，白髮蒼蒼的老教授，居然沒有怒意，還頻頻頷首。

我是應該想到小鎮已經是秋天了，在沒有接到友人來信之前，我就收到在美國愛阿華的一個小女生寄來一片楓葉，她信封裡面什麼也沒寫，不過，我可以知道她仍然愛詩、寫詩，仍然在異國收集資料，研究方法，想回來爲中國現代詩注入一些新的生命。

而我親愛的友人，你不是也認爲沒有高的學位，尤其是外國的學位，是無法推動現代詩的嗎？爲什麼你幾年之間，變得什麼都不在乎、什麼都無所謂，你難道忘了你出國前的話：「等我回來之後，看他們還用不用我的稿子！」言猶在耳，而你竟來信頻頻問我：「小鎮已經秋天了嗎？」

小鎮的確已經是秋天了，大自然的時序，任何人也無法改變，可是親愛的友人，你的心情是否可以再改變？變回以前的你，意興風發，壯懷激烈？

（73·12·27商工春秋副刊）

讓我們實實在在的生活

當我們從電影院看完「嫁粧一牛車」出來的時候，你低著頭陷入沈思之中，我沒有打擾你，只靜靜的陪你走在夜晚的嘉義街道上，雖然時間已是夜晚十一點多鐘，文化路還是人潮洶湧，每個小攤上都坐滿了吃小吃的食客，車子來來往往，在行人中穿梭，還不時亂鳴喇叭，商店霓虹燈還閃爍不停，如果不是剛看完電影，知道時間，我還以爲華燈初上呢！人們是如此的安祥和滿足，這些鏡頭與電影中「阿發」牽了一輩子牛車還要「賣某做大舅」，眞是鮮明的對比，而我是在這種苦日子中活過來的人，「嫁」片中的一切，對我太熟悉了，人們做牛做馬，也不見得能換三餐的溫飽，可是人們還是活下去了。很少人像你一樣每天嘴巴嚷著：「痛苦啊！」眞的，他們忙著討生活已經不易了，那來時間喊痛苦？

我們沿著垂楊路走回你的住處老吸街，這不是一條熱鬧的街道，你的住處也不華麗，但是書房設備齊全，電風扇、錄音機、工具書……一應俱全，可是你老跟我抱怨、你煩悶、痛苦，唸不下書，雖然我想盡辦法去說服你，甚至告訴你我唸書的時候，四、五個小孩擠在一張長板凳上做功課，我們先是點煤油燈，後來才用「八蝶里」（電池），接著才有一盞電燈，夜晚大家擠在那唯一的一盞燈下，做功課、縫補衣物、做家事……那時候我們根本不懂苦難，不懂抗議，我們活得很「認命」，如今，一切都變了，貧窮已漸漸離我們遠去，你卻依然痛苦，雖然我想盡辦法去說服你，但是效果很低，直到最近「嫁」片在嘉義上演，我才決定帶你去看看，我希望透過戲劇的力量，增加感動力。

當我們在你的書房坐下的時候，你伸手去摸你的日記，翻翻又看看，接著在空白頁上疾書起來，我靜靜坐著，抬頭欣賞你書架上的書，大大小小各種版本都有，我順手抽了一本王尙義的「野鴿子的黃昏」，翻到「現實邊緣」那一篇，赫然發現你在一個句子上圈圈點點，原來那個句子是「我是哭著到這世界上來的，我也將哭著回去！」心中突然像電擊一樣，震撼了一下，是的，這種句子太容易感動你年輕善感的心靈了！

你寫完日記，放回抽屜，抬頭看著我，神情異常堅定，你說：「我一定要實實在在的生活！」我握著你的手，點了點頭，沒有說什麼，眞的，我還用再說什麼？吃地瓜的日子，全家只有一碗米用手帕包起來煮，爲了要帶便當，這些我都在以前告訴過你了，我還要再說什麼？黑黑鹹鹹的豆鼓、鹹魚、地瓜葉子……現在是富有人家變換口味的東西，而那是我們以前生存下去的東西，我們在烈日下揷秧、除草、割稻，那些痛苦的日子我都已告訴過你了，我還要告訴你什麼？我靜靜的一句話也沒說。

「讓我們實實在在的生活吧！」你再重覆對我說了一次，然後開始勤奮的看起書來。而我心中實在盼望，許多坐在冷氣房中高喊痛苦的人，也能實實在在的生活下去，不是嗎？只有實實在在生活過的人，才懂得什麼叫幸福，什麼叫痛苦。

（73．10．8成功時報）

陽光海岸

哈！怎麼一提筆，居然就寫出「陽光海岸」這樣的題目？原來是某詩人有一篇很有名的散文，就叫「陽光海岸」，而我是否也到過「陽光海岸」，或者我也有屬於自己的「陽光海岸」？

你看報紙的副刊嗎？是否老是看到「車過坊寮」、「車過宜蘭」……那樣的題目？至於完全相同的，例如「走在林間小路」……等更是不計其數令人生厭。難怪許多人要大聲疾呼要「剪掉散文的辮子」，要「命一個語不驚人死不休的題目」……。

其實題目雷同倒沒關係，如果我也有我的「陽光海岸」，我就大寫特寫，怕它什麼來著？可惜我只在臺南灣裡海濱和榮昌、石平、正家摸過螃蟹，現在已成爲世紀之毒「戴歐辛」冉冉上升的天空，還有什麼陽光可言？

那麼我又爲什麼寫下了「陽光海岸」這題目呢？我仔細再三反省，模仿名家，那是我所不願意的，至於美其名爲「通變」，那只是名家對名家，楊某人無名小卒，雖有「通變」之實，別人也可能要大喊：「哼……老是在好幾個名家的影子下打轉」！那我又爲什麼寫下「陽光海岸」這題目呢？

可能是這些年來，滿腹牢騷，要借這個題目發洩吧？那又爲什麼不命別的題目，別的題目也有名家的啊……例如「再見安平」，那不是某人的題目嗎？或者「又見阿郎」，那不也是名家的題目嗎？

想著想著，這也有道理，可是我到底用那一個名家的題目呢？好在題目沒有版權所有，我就隨便訂一個「陽光海岸」吧！反正某詩人名氣也很大，某大報都以最醒目的篇幅刊載他的作品，雖然他最近的詩作時好時壞，雖然「仙」啊！「妓」啊！「俠」啊！之流的題目，讀來如同嚼臘，反正有名嘛，有人看了名字就讀，就叫好，不論站在什麼眼光（或許商業眼光吧！）都該如此，這也難怪這年頭歌星要爭排名，詩人也要爭排名。而爭名奪利不也是人之常情嗎？這和我的題目「陽光海岸」根本風馬牛不相及！我實在不該扯得這麼遠。那麼我訂了這個題目，究竟要寫些什麼？

我冷靜的想了老半天，一定有什麼感觸在我心中不吐不快吧？哦！對了！在我的生活中，太需要一個「陽光海岸」了，那裡有蔚藍的海，亮麗的陽光！那麼你一定要問：難道你的生活中沒有「陽光海岸」嗎？你這一問我可能要答不出來，但是我確實感到我有那種迫切的需要，讓我再仔細想想，我到底需要什麼？

對了！你看過電視嗎？我經常被特大聲的「廣告」吵得無法安寧，你看電視劇嗎？老是相同的題材、相同的劇情，甚至下一個鏡頭是什麼，都可以猜得出來！只有我那六歲的女兒，看得津津有味，而我實在害怕，有些不妥的劇情、動作，讓我那擅長模倣的女兒看了，將來會變成什麼樣子。對了，還有報紙，除了晦淫晦盜的不必再去談它之外，我們渴望報紙爲我們帶來正確的消息、新知，甚至一些探討未來的、觀念性的專欄，但是我們買到的，往往不要五分鐘就看完了，其他什麼內容，只要看報的，都清清楚楚，不要我多費口舌。你可能會告訴我：還有副刊啊？

對！還有副刊，談到副刊更令人滿肚子話要說，千篇一律的題目、內容，說不好聽一點，有些篇幅竟被某些人「霸佔」了，如果他們能寫給我們「一些可看的內容」，倒也無妨，有時，唉！有時眞令人莫可奈何。

因此，我很誠懇希望，如果你是節目製作者，請不要抄襲東洋的歌曲、劇本，甚至別人的連續劇也照抄。如果你是老編輯請認眞爲我們編出一些可看的東西。不要「只認人不認稿」！

我想我們確實需要一個「陽光海岸」，需要一片蔚藍的海，亮麗的天空，如果你是獨當一面的人，你願意給我們嗎？

（73·10·20商工春秋副刊）

變遷中的小鎮

我是應該來刻畫這個小鎮了，住在這裡十幾年了，是有些不同的感受和見解的，而我究竟要怎樣來描述它呢？

小的時候，住在離小鎮約七公里的村莊，雖只隔了一條北港溪，卻屬於嘉義縣，小小腦袋瓜中，老是認爲：「好遠呢！在別的縣裡，而且聽說就快到海邊了，那邊的人說話都有海口腔吧？」

等到唸中學以後，終於陪同學騎踏腳車拜訪了它，小小窄窄的街道古老的房子，攤販很多，尤其是賣土產花生和金箔紙的，我們在小鎮上繞了又繞，沒有什麼遊客，大都是進香客。繞行到公園，鎮郊，十分荒涼，土地貧瘠，大部份是沙子，只能種甘蔗和花生，農民大部份時間兼做小販和其他的工人，因爲這一塊貧瘠的泥土養不活他們。

直到我大學畢業，服完兵役，來到這裡的一所學校任教，才算眞正的認識了它，投進了它，而且一住就是十幾年呢！

隨著時代的的進步，小鎮逐漸繁榮起來，新社區不斷的增加，原來貧瘠的土地變成建地，原來穿簑衣的人變成開「別克」的有錢人，這裡湧進了更多的小販。

進香團不再坐牛車、鐵牛車，不再步行，除了少數虔誠的信徒以外，例如大甲進香團，代之而來的是大批大批的遊覽車，於是停車問題，交通問題…很多問題逐漸的發生，逐漸的需要人們花腦筋去解決。

每年香客朝聖的旺季，最混亂的大概是交通了，尤其像大甲進香團，一下子湧進了好幾萬人，小小的鎮上，突然增加了這麼多人，大街是人，小巷也是人，加上中央公路通過北港的車隊，大排長龍，往往令人感到有「行不得也」之苦。

每年這時節，我怕出門，平時五分鐘的路程，這時可能要半小時，甚至一、二小時才能通過。有一次，我在北港大橋上足足花了三小時才通過一座百來公尺長的橋，上班的人若不提早出門，遲到是免不了的。

何況這樣古老的小鎮，街道狹窄，無法拓寬，每年元宵時節，觀賞花燈的人大批湧入，尤其是星期假日。媽祖生日舊曆三月十九前後，「民間藝閣」遊行，更是人山人海，除了湊熱鬧或眞正要研究民俗，聰明的人，大概都會避開這個時間。

目前中央公路已規劃要闢建外環道路，大橋也已拓寬，想來北港的交通可望改善一些吧！

這個小鎮因媽祖廟而成爲宗教觀光區，每年大批香客都到北港來花不少錢，你一定會認爲這是一個富有的小鎮吧？然而鎮公所每年都鬧窮，鎮產土地快要賣光了，員工有時竟發不出薪水，怎不令人詫異！

其實很簡單，北港附近沒有什麼大工廠，許多經商致富的人卻是不必納稅的攤販，想來稅捐單位如何想辦法收這些人的稅還要費一點腦筋的呢！

攤販多除了交通紊亂，影響市容，逃漏稅捐之外，有時還造成遊客的不快，比如亂加價，強銷金箔紙…等，常予人不良印象，有一次一位縣長蒞臨，被賣香燭的婦人拉住不放，等到隨行人員告訴他是縣長才得脫困，弄得十分尷尬。

其實小販也並不是人人都能大賺其錢，例如今年有一些賣農產品的，我就碰到了一位涕淚縱橫，哭訴種田蝕本的老農。

原來那是一位賣大蒜的農人，自種自銷，每斤晒好的大蒜才賣十元，扣除工錢、肥料，連納稅都不夠。他說今年工錢不算，還賠了十幾萬。我問他爲什麼，他說今年天氣好大蒜豐收，價錢低得不像話。

我內心感想很多，收成不好，沒東西賣，貴有什麼用？收成太好，價錢卻低得不合理，太蝕老本，想來這也是令人十分困擾的事。

這位老農友又說他的土地在都市計劃之外，不能蓋房子，眼看著別人由農人搖身一變而成爲出手闊綽的暴發戶，心中實在不是滋味。同時他的土地又貧瘠，不能改種其他作物，只能種甘蔗、花生或大蒜，有些比較「敢死」的人，紛紛設法解決自己的困境，老實人只好挨一天算一天，子女紛紛外出謀生，聰明的他鄉求學謀職，智慧不如人的，只好當打手，進入黑社會，臺北大橋下聽說不少本鎮的子弟。那位老農越說越傷心，竟忘了賣大蒜呢！

（75·3·29商工春秋副刊）

卷二、雪蹤

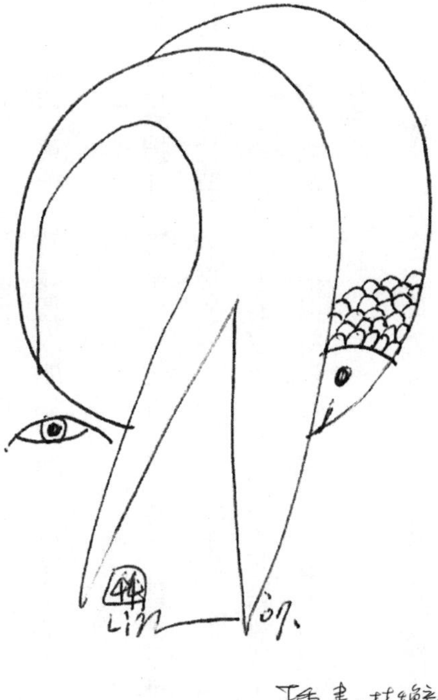

插畫：林煥彰

雪蹤

好像一直在追雪，一聽到那裡下雪，便急急忙忙開車前往。心中幻想雪花飄在臉上、身上的感覺。但是一直與雪無緣。

電視新聞說大屯山下雪了，然而比我早到的車子早已塞滿了公路，我陷在車陣中進退不得。有好幾次，氣象報告說合歡山會下雪，開了車子，花錢請人加上鐵鍊，折騰了半天，水氣硬是不夠。雪還是沒看到。

有一次把心一橫，請了幾天假，乾脆在松雪樓住了下來，可是等到假完了，雪不下就是不下。只有在電視上欣賞別人玩雪球，打雪仗，揑雪人的份。

前幾年十一月底到北京，剛下完雪，到處是被掃成一堆的雪，和著泥巴，其醜無比，這就是我朝思夜夢的雪？有一次受邀訪問湖南，天氣奇冷，本以爲會在張家界遇雪，但只見霧濛濛一片，在纜車上看著發亮的水珠，仍然未見雪。

某年八月底應邀訪問新疆，也只有看到山頭上一片白，仰之彌高，仍然無法親身體會遇雪的感覺。

直到二〇〇〇年十二月初，終於在峨眉山遇雪了，一片白茫茫，山隱約在雪中，金頂隱約在雪中，領隊爲我們每人買一雙草鞋，以免滑倒。我們一行人太興奮了，看到山寺前豎立一個雪人，趕忙快步向前，想留下珍貴的鏡頭，就在這一衝一奔之間，我滑倒了，滾了一圈，全身滿是雪水。

我大喊：「雪，我終於撲倒在你的懷裡了！」

（94·1·24台時副刊）

愛心求救

「SOS」是國際通用求救信號，不論船隻、飛機遇上危險，只要發出求救信號，不分國家、族群，一接收到信號，沒有不立刻設法救援。

「羅倫佐」事件的張家小孩，在三天內能募到七千多萬元，可見社會充滿愛心。他們之所以獲得幫助，完全歸功於張家的媽媽在媒體前發出求救信號。但是別人爲什麼不能？我們親眼看到許多人帶著小孩自殺，電視報導層出不窮，他們爲什麼不會發出求救信號？

有人說「無知就是罪惡」，可能有部份是對的，就這一方面而言，我認爲不知道向外求援終至困死愁城，令人痛恨。尤其帶著小孩自殺更是不可原諒，大人活不下去，小孩何辜？留下他們，自有善心人士會收養，自有社福團體會伸出援手，何必帶小孩一起死？

南亞大地震，大海嘯的災難場面，深深撼動人們的心，老百姓紛紛捐款，希望能對災民有一些實質幫助，但我就聽到有人說：「寧願捐給慈善機構、宗教團體，也不願捐給政府！」這話令人回憶起九二一大地震，人們發揮了最大的愛心，災民卻未能獲得妥善安置，反而是一些宗教團體，一有災難，立刻出現在現場。而官員們還要開會報出差加班費等，令愛心人士心冷。

如何讓有危難者發出求救信號，如何適時伸出援手，應是當前最重要的課題。

（94・1・31台時副刊）

泡湯熱

興起一股泡湯熱，溫泉業者紛紛以新穎設備、豪華裝璜吸引顧客，客人滿足的神情、怡然自得樂以忘憂的模樣，令人羨煞。

以前只有到溫泉飯店才能泡湯，台東知本、宜蘭礁溪、台北北投、台南關子嶺比較有名。日本觀光客大多數都到北投或礁溪，但也傳出色情問題，令人有不佳的印象。

我也是從兩三年前才開始跟上泡湯熱的潮流，從設備簡陋的溫泉浴室泡起，價格只有幾十元，個人房也只多二十元，小小一間，通風不良，有的只砌上水泥，有的更只有砌上天然石頭。大衆池也只有一個，常常都只有老先生出現，不過對衛生的要求卻奇高。我第一次去泡，不知道規矩，把鞋子穿了進去，立刻被罵出來，他們知道這是「生客」，還要求我如何如何才能符合衛生的規定。業者大概也知道情形，上面立了一個告示牌：「請對新來客人婉言相勸」，大概是怕發生爭執。

慢慢的由普通浴室式的溫泉，泡到會館，大台北附近北投、烏來、陽明山，甚至遠至金山、三峽大板根，都去尋找好湯。對設有各種溫度、臭氧、鹽水、香草、藥浴、腳底按摩的司巴等我最感興趣。價格雖然高一點，但不時變換各種泡法，一點也不厭倦，反而樂在其中。這一股泡湯熱大概還會持續下去。

（94・2・7台時副刊）

桐花聯想

早在苗栗南庄看過滿山遍野的油桐花，可是那時候還沒有土城桐花祭、三義桐花祭，根本未仔細欣賞，甚至可以說視而不見。

有許多地方常辦某某祭活動，這樣有一個很正面的作用就是帶動了觀光，吸引了人潮，對當地做生意的人，不無好處。但也有負面的現象，那就是到處塞車，到處髒亂。

「人爲什麼都如此一窩蜂呢？」每次看到一個地方因辦什麼祭時，人潮洶湧，大家都塞在公路上動彈不得，我就會這樣發出疑問。

比如桐花，並不是只開那幾天，何必大家擠在一起？比如白河蓮鄉，只要開花時節，什麼時候不可以前往？比如古坑的台灣咖啡，什麼時候不可以前往品嘗？

我想起了大家排隊買哈囉凱蒂貓的盛況，我更想起了大家排隊購買甜甜圈的長長人龍，眞的不可思議。由於這種心理，聽到某週刊在八卦某人，趕快去買一本，聽到某地發生災難，也趕快前往「參觀」，眞是讓人百思不解。

（94·2·21台時副刊）

豈一個笨字了得

每一次在電視鏡頭裡，看到人們賞雪、玩雪的欣喜畫面，都十分羨慕，台灣地區少飄雪，人們往往要塞車遠到合歡山或飄洋過海到北海道賞雪。雪，眞的有那麼大的誘惑力？

明代竟陵鍾惺，大概是最能欣賞雪的人了，他在南京的木末亭、雞鳴寺、烏龍潭、明孝陵及秦淮河寫下了雪的「秀」、「曠」、「幽」、「雄」、「活」等五種特色，他在五首看雪詩的前言中說：「木末之雪秀，秀於木，於煙。雞鳴寺眺後湖，後湖之雪曠，曠於湖。烏龍潭之雪幽，幽於潭，亦於木，於煙，孝陵之雪雄，雄於陵。秦淮雪舟，前此未有也。雪則蔣山，蔣山之雪活，活於從水看山。」如此洗鍊而傳神的描述雪的五種特質，再三展讀，心中一片雪意，可以彌補長年不見雪之嘆。

賞雪詩文奇而多，印象最深刻的莫過於謝道韞的「未若柳絮因風起」而把庸才所說的「撒鹽空中差可擬」比了下去。至於「獨釣寒江雪」、「晚來天欲雪」、「前村深雪裡，昨夜一枝開。」及「遙知不是雪，爲有暗香來。」等數不盡的名句，讀後更讓人想起錢塘高濂所撰的〈四時幽賞錄〉中寫雪的美景：「讀雪初晴，疏林開爽，江空漠寒煙，山回重重雪色。」

因而自責何以老是盛夏出遊，除了奇熱難當之外，還錯過許多美好雪景。笨，我眞是笨啊！

（94·3·21台時副刊）

也是受虐兒

邱小妹妹在父親施暴，醫院踢皮球的情況下，變成了受虐兒的代表，社會上掀起一片關懷受虐兒的討論聲，好像台灣社會從此沒有孩童受虐了，讓人心中湧起陣陣溫暖。

然而，事實是否如此呢？會不會只有五分鐘的熱度？在在令人懷疑。同時，我又想到，這種有形的虐兒事件，還比較容易被人發現，如果是沉藏在表面愛心、關心、望子成龍、望女成鳳的巨大壓力下受虐的兒童，人們是否會發現？會關心？

中國大陸有兩位年輕的姊妹，在殺死父母後，覺得一片輕鬆，覺得整個人彷彿從巨大的壓力，無形的緊箍咒中釋放出來，只因父母對她們要求太高，讓她們活在壓力無邊的痛苦中。

旅日圍棋好手張栩，曾說他幾度想放棄圍棋回到台灣，他說那種痛苦、寂寞、煎熬絕不是一般人所能忍受的，我們只為他的三冠王喝采，我們有沒有看到他的心在淌血？

音樂神童莫札特被迫在王公貴族之前演奏，被迫作曲取悅觀衆，我們是否聽得出來他在音樂中已經做了無奈的控訴？

我就親眼看見許多父母，為了讓子女達成他們的願望，壓迫他們學習各種才藝，孤單送到異邦，大家有沒有想到他們也是受虐兒？

（94・3・28台時副刊）

米勒之死

美國當代重要劇作家之一的亞瑟・米勒（Arthur Miller, 1915-2005）病逝了，享年八十九歲。他一生中寫過二十種以上的單劇本創作。其中以（推銷商之死）（Death of Salesman）最廣爲人知。我在大學時代的戲劇課就曾讀過此書，雖然已過三十多年，但威利・婁曼（Willy Lomam）的小人物悲劇形象，仍深植心中。

這個劇本在百老匯上演時，深深撼動人心，許多人對這個小人物的痛苦掙扎，彷彿感同身受。米勒曾親至北京執導這部戲在北京人民藝術劇院演出，我就十分感慨，爲什麼我們有許多小人物的悲劇，沒有一個劇作家把它寫出？即使像「末代皇帝」那種悲劇仍要外國人執導演出？

從看過賽珍珠的「大地」與「龍種」，被電影中的人物之貧困、任勞任怨感動得淚下，這也是我們自己的故事，爲什麼由外人來寫來演，而且寫得那麼好，演得那麼好？

許多國內作家，樂於參加各種活動，把時間浪費在「虛名」的爭奪上，令人嘆息。如果他們用心、專心寫一本不朽的書，即使生前沒有什麼名望，死後人們細心研究，發現他的價值永垂不朽，豈不勝過眼前的掌聲只是片刻的虛榮？

米勒的劇本演出時轟動全美，觀衆紛紛報以熱烈掌聲，主演者達斯汀·霍夫曼要米勒出來謝幕，竟發現米勒老早走了。那些沽名釣譽喜歡掌聲的人會不會汗顏？

（94·4·11台時副刊）

失去

從來沒有得到，那裡有失去？

大學入學學測的作文題目是「失去」，許多人紛紛叫好：「題目訂得太棒了！」同時也發生了很多周邊的趣聞，提供數則，博君一粲。

監考老師說：「國文考試開始不到五分鐘，就有學生呼呼大睡，上前一看考卷上測驗題一律畫B，作文題只寫下從國中以後，我便失去了我的人生幾個大字，怎麼叫也叫不醒，只好叫救護車，原來他昨天整晚在網咖！」

閱卷老師說：「我看到一份卷子，只寫了從來沒有得到，那裡有失去？說得眞好，可惜不能給分。」

另一位閱卷老師也說：「我看到一份卷子，那是寫得眞好，說他喜歡文學，每天都在思考寫作題材，以致於段考、期末考總是滿堂紅，還眞感謝有補修、補考政策，那時隨便考考就過關了。全篇文章描寫他的考試挫敗，因挫敗幾乎失去人生的目標。我給他很高分，不知道上了什麼學校？最好有人給這位考生指出一條應走的路，尤其曾迷於寫作而受聯考重大打擊，現在已經走出一條路來的人士，可以給予實質幫助。」

還有一位閱卷老師說：「我看到一份考卷，嚇了一跳，這位考生首先表示他最希望失去父母，父母給他千斤重壓，從小一直喘不過氣來，常常想自殺，他最不願意回憶的日子是星期一補習英文、星期二補習數學、星期三……這是他完全失去自我的歲月，他不僅失去童年，也失去青少年，只有失去父母，他才能找回自己，天啊！這是什麼樣令人震撼的心聲？」你是不是也想寫一篇「失去」的文章？

（94・4・18台時副刊）

痛苦的心靈

我開著車子沿基隆路緩緩而行，週六清晨、不，已經九點多快十點了，都市人難得睡到自然醒，車子很少，一點也沒有往日塞車的痛苦，慢慢欣賞沿途街景，難得的悠閒。

突然瞥見捷運木柵線正在前方頭上緩緩而行，只有四節車箱，卻是滿身烏漆抹黑，怎麼了？捷運已開通多久了？怎麼車廂如此老舊？正思索間，一列從另一個方向緩駛而過的嶄新列車剛好也通過，形成強烈對比。

哦！突然腦際靈光一閃，這可能是彩繪列車吧？一定是藝術家的傑作，只有藝術家才會想到這個城市的苦悶心靈，塗黑的車廂象徵什麼？整個城市的灰暗、憂鬱、沒有希望？

想起了南投某公共區域的藝術設計，一堆廢棄物、爛泥、損壞的瓷磚、報廢的車輛，藝術家的精心巧思，可是人們群起抗議，什麼破壞市容、影響風水。台北縣政府前面的尖形設計，聽說也要被迫移走。今夕何夕，還迷信風水。

什麼是美？什麼是藝術？升斗小民爲什麼無法體會藝術家孤絕的心境？如果商業大樓亮麗的櫥窗，也塗上一整片黑色，如果所有的建築都是黑色，是不是變成黑色世界，這樣才能代表我們痛苦的心靈？不懂！眞的不懂？

（94・4・25台時副刊）

沒那麼容易

許多叩應節目紛紛介紹加盟連鎖擺攤致富的人物，使人誤以爲只要小本經營，不論賣冰、冷飲、珍珠奶茶、章魚燒都可以月入數萬到數十萬，甚至開分店，年收入上億，台灣錢眞是淹腳目？

在重慶南路就有許多賣二手商攤的店，舉凡冰箱、鍋子、餐車應有盡有，大都有七、八成新，有的甚至全新，既然攤商標榜好賺，爲什麼還有如此多攤商賣掉賺錢的生財工具？忍不住走進一家二手貨商店和老闆聊了起來。以下是老闆發表的心得大要：

「看別人吃蚵仔麵線，簡單而不費力，自己去做看看，沒那麼簡單啦！」老闆一口香菸，吐一口檳榔。

「加盟金花了，訓也受了，貨也批來了，就是沒生意，你知道嗎？沒有生意，顧攤多無聊啊！而且工作時間長達十多個小時，腿都麻了，說沒生意就是沒生意。」老闆請我坐下，泡了一壺茶。

「有的生意太好又忙不過來，客人不耐久等，許多人都說忙出心臟病來了。有的雖然受了訓，調出來的味道因時間、份量、火候的拿捏，還是有不同，大多數都草草收兵，攤子不要了，只好賣到我這裡，價錢隨便，好像收破爛！」

老闆還說了很多失敗攤商的經驗談，可以寫成一本書呢！

（94·5·2台時副刊）

愛心被騙

也記不清什麼時間了，大概是十幾二十年前吧！那時還沒有周休二日，難得禮拜天可以睡個自然醒，卻在一大早六點多有人按門鈴，又是冬天，眞不想起來應門，可又怕有什麼事或好友來訪，只好翻身起床，披衣出來開門。

門甫開，一位盛裝的小姐馬上遞了一本雜誌：「我們是溫暖之家，希望您伸出援助的手，幫助一下這些可憐的孩子！」我翻翻雜誌，整本儘是殘障兒童以及樂捐者芳名，看在畫面實在可憐而且善心者衆，那有不起惻隱之心？那能不產生輸人不輸陣的心理？我一下子樂捐了一千元。我說：「不好意思，我是公務員，力量有限，只能捐這麼一點大！」小姐很有禮貌微笑著說：「善心不分大小，一毛錢不算少，十萬元不算多，願上天保佑您及全家。」此時我心中突然感到一陣溫暖，總算自己也是有愛心的人。

之後不久，是一個午休時間，也是有人按門鈴，也是慈善機構，也是殘障兒童，只是名字叫「懷恩」。我心想：「台灣眞是個天堂，處處溫暖，人人懷恩。」馬上二話不說，又捐了二千元，那時我的待遇已經調整，愛心的上限那能不調？

也不知過了多久，報上大幅報導假慈善機構被拆穿。某家負責人，原來在另家當會計，一看「慈善事業」好賺，馬上自己出來也開一家，因利益衝突，互揭冒牌，終於讓真相曝光。此時，我的心突然劇烈疼痛，不是心疼那幾仟元，而是心痛愛心被騙。

（94・5・9台時副刊）

我愛小吃

台灣每一個地方，幾乎都有著名的小吃，許多美食節目都會詳加介紹，然而，聰明的人不一定要看這些節目，只要找到當地人一問，不管是煎的、煮的、炸的都會有滿意的答案。何況節目介紹人如果是做生意廣告，其可靠性值得懷疑。

就以北港小鎮來說，我在北港住了三十幾年，什麼有名的小吃不知道？但有一個美食節目介紹北港時卻都是我所不熟悉的。比如阿國的肉羹，遠近馳名，許多旅外人士，一回北港，一定要前往回味。我有一個學生旅居日本，回國時來看我，我想請他上館子，他拒絕了，他說只要吃阿國的肉羹，而且一定要加醋，看他滿足的神情，享受的樣子，簡直像請他吃鮑魚、魚翅。

我的女兒每次回北港一定指名要吃新市場的煎粿、公園旁的麵線糊、蚵仔麵線，還有文昌路舊國宮戲院的炸雞。這家炸雞夫婦在北港已經二十幾年了，從租房子在大同路「運東湖」旁擺攤起，直到現在買了國宮大樓一、二樓店舖住家爲止，每次前往購買總是大排人龍，有一次不願排隊，到三商百貨附近購買，嘿！孩子們竟然不吃。

仔細看他們夫婦工作的情形，發現他們掌握火候、勤於更換炸油有關，有一次我看人少，請教了幾句，得知「貨眞價實」是其致勝關鍵，最近死豬肉吵得沸沸揚揚，簡直是殺雞取卵，以後人人不敢上麵攤，看你們怎麼生活？

（94・5・16台時副刊）

衝動

許多朋友退休以後，嚮往田園山林之樂，不是在鄉下買地建農舍，就是到山區買地建休閒別墅。

剛開始建農舍，又是整地，又是種花、種菜，又是養雞養鳥，忙得不可開交，我曾前往參觀過幾次，看到房子建在一片農田之間，十分寬敞，也挖了一條河流沿著屋前屋後蜿蜒而過，一大群金魚在裡面優遊，簡直是神仙世界，過的是神仙日子。我告訴妻說：「我們也來弄一塊地，住在都市大樓之中，簡直像鴿子籠，兩人像一對鴿子，只住了一格。」妻比較穩重，她說：「先別衝動，再過一段日子再說。」

我問妻：「爲什麼？我們都已退休且年紀老大不小，沒什麼時間等了呀！」妻正色道：「你忘了？十幾二十年前，我們和一些同事到附近看一個休閒別墅的工地，營業員說得天花亂墜，大家都很動心，我不是告訴您先不要衝動，回去想想再說。後來買的人沒有時間常常前往住宿，每月卻要按月繳管理費，日久沒人住，一旦前往，總要打掃半天，累得像個孫子，那還有渡假的心情？後來那批休閒別墅紛紛以半價求售，還不見得有人買呢？」

今年過年回鄉前往探視老友，只見庭院草長過牆，一幅沒人住的樣子，附近農戶說，替子女帶小孩去了，這些年兒子、女兒都各自婚嫁，小孩一個個出生，夫婦忙得很啊，他們到處找仲介，可能花下去的錢收不回一半哦！

（94・5・23台時副刊）

和命運抗爭

對那些和命運抗衡的人，我一向十分佩服，例如海倫凱勒，漸凍人陳宏。他們都克服一切困難，完成別人做不到的非凡事業。

最近我知道失明二十多年的梅遜又完成了六十多萬字的小說，更是驚異。他是怎麼辦到的？原因他把白紙裁成三十二開，右上角夾一只鐵夾，另外用一隻短尺壓在紙上，順著短尺的邊緣一行一行寫下來，有時原子筆的水寫完了，自己不知道，竟然寫了好幾張白紙。

寫好文章後還要請人朗讀錄音，然後一面聽一面改寫，每一篇文章，往往如此重複五、六次，如此說來，寫了六十多萬字的作品，豈不要花三百萬字以上的功夫？太令我感動了，而且會覺得慚愧，我們一切都完好，卻沒有這種毅力，豈不慚愧？

他最令人動容的是他的調適，一般人突然雙眼失明，一定自怨自艾，不是罵人，就是摔東西，很不好侍候。但他十分幽默，「見」人就自嘲「我現在是目中無人了！」甚至說「我是目空一切！」眞是可愛到極點。這種調適能力非常人所能及。

他的努力除了有品牌的大出版社願意替他出書外，也獲得了金鼎獎及中山藝術獎的肯定，對不幸也是殘障的朋友們，應有參考的價值。

（94·5·30台時副刊）

介入與抽離

面對紛亂的世事，有人選擇冷漠，但也有人選擇熱心介入。這種介入與抽離，我寧選擇介入。齊邦媛教授是我心儀的熱心介入者之一。她認爲這個社會要有一群優雅的人士去開創優雅的社會，所以選擇中研院歐美所研究員單德興做翻譯「格列佛遊記」的工作，以期有益世道人心。

逢甲大學外文系主任王安琪說：「《格列佛遊記》在英國文學史上號稱最偉大的一本諷刺小說。綏夫特關懷國家的政治、經濟、文化各方面，對於社會的觀察和對於社會現象的一些描述更是切合時地。」王主任甚至認爲這本書的小說技法、手法是先驅性更勝於十九世紀的狄更斯。

台大外文系副教授吳雅鳳認爲：「這本書最驚人的是不斷地變換觀察的角度，也不斷地在考驗讀者到底我們所在的地位在哪裡？我們是小人國裡的小人？還是大人國裡的巨人？」吳教授進一步指出我們到處旅行，是否一樣不斷改變觀點？是否也有身份認同的不穩定性？這樣一本偉大的小說，我們以前都以兒童讀物看待，而在此時身份認同極度不穩定的時代，我們是否和主角一樣迷惘？吳教授說：「或者能夠抽離和作者一同看格列弗這個人物？」我卻要說：「是否能夠抽離自己來看這個認同紛亂的時代？」

我不知道這本書厚達六百七十二頁的大書出版後會帶給我們什麼優雅的社會，但單先生的努力，如參考許多不同版本，補充註腳，用心就十分讓人佩服了。

（94．6．6台時副刊）

亡羊補牢

健康幼稚園的娃娃車失火，燒死車上數十名幼兒及隨車老師林靖娟，家長十分傷心，一直無法釋懷，證嚴法師開釋他們：「不要悲傷，你們的子女是人間的活菩薩，小天使，他們來提醒人們注意小孩的安全。」

我印象中很多社會上的措施，都是補救措拖，很少能防患於未然。

例如許多平交道，明明有許多人通行，卻沒有柵欄，往往在撞死人之後才裝上警鈴、柵欄。民國五十年七月九日，在民雄發生火車撞上嘉義客運的慘事，死傷高達五、六十人。後來才裝上柵欄、警鈴，更進一步封閉此路段，建立體平交道。爲什麼每一次都要用人的生命去引起有關單位的重視？他們尸位夙餐，坐領人們納稅的民脂民膏，一點都不臉紅，其他事例還有很多，希望人們能記取教訓，尤其醫界存在已久不願收重症、危險病人的陋習，更能在教訓中立法永遠革除。

（94·6·13台時副刊）

逆來順受的芒草

芒草在一般人的眼中是最賤的植物，只因它生長容易，到處可見，山坡地、河邊、沒有人耕種的荒地，常見它一叢叢到處蔓生。人們把它砍了，齊根燒了，明年還是再生出來，「野草燒不盡，春風吹又生」，最可以說明它強勁的生命力。

小時家貧，屋頂是茅草搭成的，既方便又經濟，可是最怕火，只要一家失火，全村遭殃，一家接著一家起火，火速之猛、之快，只在幾分鐘之內就全村陷入火海。

其實芒草早就一直跟著我們，只因它太容易生長，人們太容易得到它，即使它漫山遍野開花，白茫茫一片，人們還是視而不見。直到近幾年有人做起芒花祭，甚至有電視台以它強韌的生命力來象徵台灣人的艱苦不屈精神，大家才注意到它的存在。

於是芒花季節，有人迎著寒風，到河邊、溪谷、山坡上，欣賞它隨風搖曳的身影，欣賞它表面柔弱而內在卻堅強的風姿。欣賞它不和惡勢力對抗，當風來，它順著風倒向一邊，風從另一方吹回來，它又倒向另一邊，許多堅硬的樹枝都折斷了，只有它如列子般冷冷然御風而舞，這不就是老子的「柔弱生之徒，老氏戒剛強」嗎？

是誰罵人「牆頭草」的？那眞是頑固的可以，有誰能在女兒牆上，只要有些許細縫，些許薄薄的土，它就能奮力的生長，你爲什麼硬要罵它、責難它？

（94·6·20台時副刊）

加比山

如果有人問加比山在那裡？可能很多人不知道，甚至連常去加比山的人都不知道原來他常到加比山。加比山是那裡呢？如果你用台語唸出「加比」兩個字，就可能知道是那裡了，原來「加比」台語音近似「咖啡」的台語。日據時代古坑的華山就叫加比山。日據時代古坑就產咖啡，可是古坑的咖啡卻是最近幾年才被炒熱而名聞全台。

原來的華山有登山步道，可以爬七、八佰個階梯上到龜仔頭，也可以繞著山路走一圈。早期我都是爬階梯訓練體力，但中間都要停兩、三次，後來年齡大了，只能繞著山路走。至於上面的大二尖階梯就只聽別人吹牛誇口說多難爬，我還沒上去過。

最近雲林古坑的咖啡炒出名氣，華山的環山步道遍布咖啡簡餐，各具特色，遠從各地而來的遊客，常造成交通阻塞及停車問題，不過，華山喝咖啡欣賞夜景，的確是很好的享受。

爲什麼一個原來只有登山客或健行客常去的地方，竟然可以變成名聞遐邇的休閒風景名勝？看著各地的糖果節、花生節、桐花祭、溫泉祭……等讓每一個地方都變成有特色，人們願意來玩來消費的地方，我們不得不佩服那些腦筋動得快的人，正在各地興建無煙囪的工業，台灣地小人稠，這應該是一個愛台灣的眞正正確方向。

（94·6·27台時副刊）

選票物語

孔子曰：「天何言哉？四時興焉，百物生焉。又何言哉？又何言哉？」《論語》。

莊子也說：「天地有大美而不言，四時有明法而不議，萬物有成理而不說。聖人者，原天地之美而達萬物之理，是故至人無爲，大聖不作，觀於天地之謂也。」然而，我們的政客，意不在老百姓的民生、福祉，而在乎他們的選票，口水到處噴，噴得人人厭煩，人人冷漠，對政客冷漠，甚至對政治冷漠，難道政客們不知道苦民之所苦，急民之所急？

不是的，他們何等聰明。但是他們爲什麼明知故犯，政論性節目收視率拚命灌水，他們不知道嗎？人們電視上看到他們的嘴臉就立刻轉台或關機，他們不知道嗎？他們都知道，但是選票是他們唯一的關切，他們不在乎你罵他下三爛，不在乎你吐口水，只要選上，又可以爲所欲爲，他們爲什麼要在乎你的感受？

既然他們在乎的是你的選票，你爲什麼要忽視你手中一票的重要性？你厭煩了政治，所以你不去投票，但是政治卻不放過你，將來痛苦的是你。你不在乎你的選票，隨便往票箱一投，於是選出一些自私自利，不知道什麼是老百姓疾苦的所謂人們公僕，那你就只好當這些人的僕人，永遠受他們的宰割、奴役。永遠站在十字路口，苦等他們通過，而一點變法也沒有，你的方向永遠是紅燈，行不得也。

（94·12·2台時副刊）

拓展生命

我喜歡讀小說，小說中的人物一顰一笑都牽動著我的情緒，尤其文字具有魅力者更是讀來興味盎然，每讀完一本小說，故事中主角的一生，做爲讀者的我，好像也跟著波浪起伏的過了。

同樣的，我也愛看名人傳記，特別是文學藝術界的名人，他們一生中的多采多姿，每每讓人深刻體會，沉迷其中，這和政治名人、八卦名人不同，絕不是什麼豐功偉績，自我炫耀之類的事。

我更喜歡讀作家回憶文壇的往事，中間有許多知名作家的糗事，讀來令人噴飯。例如小野就曾寫過：「所有鞋子被小偷取走了，於是失去鞋子的陳雨航就赤著腳坐在穿著拖鞋的吳念眞的破摩托車上回家…」。向明也曾經寫過：「管管帶著女朋友到一條無人的小溪，在女朋友身上擺滿了鮮花，然後管管變成吻花的男人…汪啓疆即將隨艦出航，訂遍了高屏地區的花店所有玫瑰送給女友，一大堆玫瑰子彈終於攻克美人芳心…」。

閱讀使我快樂，使我的生活豐富，攝影家阮義忠每個月都會隨著證嚴法師行腳台灣各地，拍照留下記錄，他最服膺證嚴所開示的一句話：「生命的長度我們無法掌握，卻可以積極拓展生命的寬度與厚度。」行善助人可以拓展生命的寬度與厚度，閱讀也可以拓展生命的厚度，看完一本書就多活了一生，看書無限，你生命的厚度就無限。

（94．12．29台時副刊）

葉子即將飄落

九十一年七月母親第一次中風，是蜘蛛網膜出血，我立刻叫了救護車從嘉義直奔台大醫院，母親當時還十分清醒，一路上一再交代不要做侵入性的治療，因此醫生雖然一再表示「那是不定時炸彈，不立即開刀隨時會有危險」，但我還是簽不下手術同意書，醫生當然很不高興，要我們簽字表示自行負責。

很幸運的，在加護病房一個月，病情逐漸好轉，我向一位同學請教，他說根據他的判斷，出血傷口很小，且可能已幸運的自動止血，且母親已八十高齡，不妨先帶回家療養；有問題再來。他是行醫多年的老醫生，又是老朋友，他的話一定可信。因此，便爲母親辦理出院。回家後先推輪椅，慢慢可以走幾步，直到可以陪她到公園散步，兩年中恢復得不錯，可是每次走路母親都說活得這麼多歲，很痛苦，我也知道每次到公園散步，她走起來都很累很痛苦，沒辦法，只好一面安慰她，一面還是要勉強她走路。

九十三年九月，母親又再度中風，此次是右手右腳不聽使喚，趕快又到台大掛急診，兩個禮拜後醫生認爲沒有危險就辦理出院，可是這一次只能躺著，不能翻身，更不會走路，只好送到附近的療養院繼續復健治療，每天去看她，她都會流淚，但有什麼辦法？人都會老、會病，甚至會死啊！我想起沈君山一篇叫〈落葉〉的文章，描寫他老年心情，眞是心有戚戚焉，他說：「站在落葉的立場，它的生命卻是它唯一的，就這麼來一次⋯⋯」我在療養院中看到許多老人都像即將落下的葉子，心情突然無比沉重。

（95·1·6台時副刊）

此中有真意

開始喜歡泡茶起因於加入風燈詩社，與風燈詩友每年有幾次固定的小聚。最先是到台北紫藤蘆，租一個小房間，來一壺茶，幾碟小點心，天南地北無所不聊。此種聚會大家都十分熱衷，江聰平老師從高雄師大來，寒林從宜蘭來，吳承明從桃園來，劉希聖、袁安儀、林芙蓉從台南來，眞是「八方風雨會中洲」，「四方好友聚台北」，不亦快哉！

此後又到宜蘭員山梅花湖，住宿礁溪福星飯店，也曾到溪頭孟宗山莊，烏山頭國民旅舍，在湖光山色中泡茶論詩，此情此景已隨風燈詩友星散而不再。

由於喜歡泡茶，因此常到處找茶，結交四方茶友，偶而開車載吾妻路過山間小站，看到庭園茶藝館，總會下車一探究竟，常遇主人一副仙風道骨，泡茶姿勢如舞太極，往往被其散發出來的氣勢所震懾。

最幸運的是遇到泡茶時剛下雨過後，山間煙嵐冉冉上昇，一面品茶，一面觀看山景，此時凡間一切，榮辱皆忘，尤其從教職退休之後，時間多了，更是樂此不疲。有時看茶藝人士搜集的陶壺，一面聽他解說，一面細細把玩，眞是「此中有眞意，欲辯已忘言」。本來我還想自己買塊山坡地，設置茶屋一間，布置一個庭園泡茶環境，但妻說我懶，無心整理花草，日久必荒蕪一片，不如到處尋訪，享受別人辛苦的成果，我深覺有理，因此決定到處尋幽探勝，拜訪茶藝界賢人，既可享受泡茶之樂，又不必太辛勞，你說我不是很聰明嗎？

品茗之樂

靜寂的深夜，一面煮茶，一面讀詩，翻著翻著竟然讀到了茶壇宗師陸羽的「六羨歌」。

「不羨黃金罍，不羨白玉堂，不羨朝入省，不羨暮入臺，千羨萬羨西江水，曾向竟陵城下來。」

「黃金罍」比喻富貴，「白玉堂」也指豪貴的居宅，「朝入省」是做中央的大官，「暮入臺」是做稍低一級的小官，「竟陵」是湖北省天門市，是陸羽的家鄉，城下有水流過。此詩意指不愛富貴權勢，只愛故鄉的西江水，表明自己不愛榮華，只有獻身故鄉的茶業，詩中隱含著故鄉水泡茶特別有味，可以令人千羨萬羨。此詩據傳陸羽在他處時，聞師亡，哭之甚哀，因作此詩寄懷。但也有論文指出作者未定之說，不過，飲茶而能讓人不羨富貴榮華，倒也能爲忙碌的現代人指點迷津。

我素來愛喝茶，任教期間，課餘之暇，常與二、三好友煮茶論詩，從找茶到找壺到找山泉，常常到處奔波，往往知道那裡有品茗大會，即不辭辛苦，遠道觀摩，尤其知道何處有人深通茶藝，輒不遠千里求教。

然而，眞正得到品茶的樂趣乃是在退休之後，原來心中無任何負擔，也無任何期求，如今讀到陸羽的「六羨歌」再三反覆誦讀，深獲我心。

茶趣種種

由於喜歡泡茶，自己遇到的或聽到的趣事不少。例如泡茶時第一泡洗茶水俗稱茶尿，但常遇到沒有經驗的茶客端起來就喝，有時內行人會制止，有時因不太熟只好讓他喝了，但與朋友交談時談到此事，常笑彎了腰。

以前在專欄作家誓還（本名吳延環）的作品集中讀到，說他有一次到一位善泡茶的名士家喝茶，每次都一飲而盡，如此者再三，主人立刻吩咐下人拿來大茶杯一個，讓他「牛飲」，文中再三表示當時確實尷尬不已。

至於泡茶人士首重泡茶泉水水質，往往到處尋找山泉，三峽山區路邊，常見取水盛況，我住中南部時也常不遠百里到山區取水。有關水的趣聞不少，最有名的莫過於挑水泡茶只泡身前桶，身後桶不泡，原因或體味或放屁，總之曾有一位茶師命弟子上山挑水泡茶，弟子以身後之桶水泡之，茶師端起來喝立即倒掉，弟子乃取身前桶水泡之，茶師一喝乃讚曰：「此乃上品茶也！」是否眞有如此神奇？我也是姑妄聽之。

蔡榮章和林瑞萱合著的《現代茶思想集》中記載：「北國下雪，草木不生，握一撮雪花進屋烹煮，以一個較大的杯子盛著，雙手環握，讓一股暖流從手中注入心中，思念著雪花紛飛的日子，讓自己的氣息溶入大地之中，我們說這一杯『雪水』叫『雪花茶』。」讀著，眞希望立刻飛到北國，也喝一杯「雪花茶」。

人間仙境

內人長兄從電力公司退休後，在苗栗南庄鄉東河村鵝公髻山登山口買了一塊一甲多的山林地，建了一間鐵皮房子，挖了一個魚池，種了一些水果和蔬菜，從那時開始，我便常和內人往南庄跑。

這個地方雖然是登山口，但卻少有人來登山，問明原因，這裡往上爬不太容易，如果從另一頭新竹五峰開始爬登，路面比較好，登山人士一登峰頂就往回走，因此東河這邊就人煙罕至了，住家也只有四、五戶，顯得十分寧靜。

內兄的土地旁有一家錢媽媽民宿，幾間紅色屋頂的木造矮房坐落在一片樹林中，設有涼亭、長板凳，坐在樹下喝酒、泡茶聊天，氣氛不錯。我問民宿主人這裡人跡罕至那來客人？「他們都是熟客，尤其是我媽媽的老朋友們！」原來錢媽媽就是主人的母親，已過世多年，當年爲了愛情，遠從新竹下嫁此地山地青年，她的戀愛故事，是這些老主顧們被吸引來的原因。

這裡四季有花，春天有桃李，夏天有桐花，母親節左右還有螢火蟲。許多親友常帶小孩子到內兄的鐵皮房子露營，到附近小溪抓蝦，捕螢火蟲。我則經常繞著山中小路，觀賞不時變化的雲朵，有時山間起煙嵐，眞是美不勝收。桐花落盡後，滿山桐葉泛黃，滿山一片金黃色，煞是美麗。來到這裡，竟然忘了外面世界的紛擾。

我能不自閉嗎？

最近朋友說我有些自閉，既不看電視新聞，也不看報紙！我說看什麼看，我們的社會居然還存在「父死小孩伴屍十幾天，一家六口坐著車子衝入海裏自殺，小女孩被失業酗酒父親抓去撞牆，顱內出血，生命危急，竟然找遍醫療資源最豐富的大台北二十三家醫院沒病床，只好遠到六小時車程之外的沙鹿就醫……」這是什麼社會？

我能不自閉嗎？台灣錢淹腳目，國人出國旅遊人數已排世界前幾名，到中國大陸旅遊已不稀奇，你可以在北京、南京上海遇到台灣遊客，你更可以在新疆蒙古遇到台灣遊客，即使到印度、尼泊爾、吳哥窟也可以遇到台灣遊客，甚至歐、美、澳、非洲也會遇到一群大聲說話的台灣人。然而這幾千年來難得的盛世，竟然還有活不下去，一家全都自殺的同胞？

我能不自閉嗎？看著那些政客的嘴臉，習慣硬拗的表現，沒有是非黑白，只有藍綠、只有顏色、只有立場、只有意識形態，有誰關心我們到底是向上提昇，還是向下沉淪？

縱觀歷史上朝代的盛衰，有一個起伏的曲線，難道我們已到高峰，正在向下修正？我最怕的是何寄澎在〈書憤〉乙文所說的：「你少年時所承的教誨，青年時所崇的典型——它們是你一生人格、志業形成的本源，如今似乎都已毀圮崩解，飛灰煙滅。」多麼令人痛心的話，我能不自閉嗎？

我有一個夢想

我有一個夢想，這個夢想和金恩博士不同，他只爲了黑人在夢想；我的夢想是全人類。全人類的夢想？那到底是什麼夢想？

我有一個夢想，夢想世界上沒有所謂國家，每一個地方都是一個社區，都只有設管委會，那個社區管理得好，大家都可以賣掉原來的房子、土地，搬到另一個社區，到任何地方，都不必申請移民，更不必等待綠卡，當然也不用坐移民監，更不需要大腹便便跑到美國生產。

這個夢想不易實現，所以我每天祈禱，祈禱那天人們變聰明了，這個祈禱不像麥帥爲子祈禱，他只爲了自己兒子祈禱，他應該爲全人類祈禱。這個不容易實現的夢想如果實現，世界就沒有戰爭，也沒有人歌頌成吉斯汗的版圖有多大，拿破崙曾經征服歐洲，希特勒、墨索里尼、東條英機曾發動世界大戰，他們是民族英雄。

這個夢想如果實現了，就沒有人提倡民族特色，什麼長頸族，從生下來每年套上一個銅環，多恐怖！沒有人歌頌厚唇族多美麗，嘴巴掛錢幣。當然，你如果不同意，你不妨自己試看看，不然你怎麼不再綁小腳，讚美三寸金蓮？

我只有一個小小的夢想，夢想世界變成一個地球村，到處都是社區，所有社區都安和樂利。你說我的夢想有沒有比柯林頓每分鐘二十六萬元的演講更有益？

看山

我家南面有一扇小窗，正對烘爐地的方向，每天站在窗前都可以看到土地公廟旁的群山。它眞像一幅變換不定的國畫，有時山脈呈碧綠的顏色，鮮明如在眼前；有時下過小雨，山掩映在煙嵐中，虛無縹緲。若是陰雨綿綿，連月不開，其變化更是萬千。

對山，我情有獨鍾，曾遠道旅遊，參加登山隊，目的無非看山的各種風姿。一九九一年，我第一次旅遊大陸，千島湖的群山，一一變成浮在水面的小島，令我十分震撼，它們原來不都是個個頭角崢嶸的好漢，如今怎麼只剩一顆顆小小的頭顱？對桂林陽朔的山更是佩服造物者的神力。

其後我曾兩度旅遊張家界，對張家界群山的奇形怪狀，更是驚異莫名，怎麼會有這樣造形獨特奇怪的山？我曾在神女峰、點將台前徘徊不忍離去，金鞭溪更是讓我來回走了好幾趟，那眞是奇妙的感受。

及至遊長江三峽，更是對那些幽壑鳴泉，雄偉險峻的斷岩峭壁讚嘆不已，尤其我乘坐遊輪乾隆號，每個房間之外設有觀景陽台，一面喝著咖啡，一面欣賞一張張隨著船隻前進而翻過的張大千潑墨山水，此時我竟忘了船已過瞿塘峽或巫峽，還是到了西陵峽，這些名字知道或不知道有什麼關係？

最可惜的就是聽不到猿啼，否則我在看山的同時，也許會淚沾裳吧？

低沉的簫聲

從十七歲時舅舅送我一支簫開始，我就迷上了那低沈哀怨的簫聲，它很能舒解我當時的心境，不知原由的愁緒。我買來一張簫聲的唱片，裡面儘是悲傷的歌曲，但我很喜歡，反覆的聽，跟著學，竟然也有幾分神似。

這些曲子後來在電台播放的台語歌中不斷播出，有洪一峰、文夏、吳晉淮、洪第七、紀露霞…等，漸漸的風靡全島，有時我也跟著唱，還用簫吹出這些歌曲，令我訝異的是媽媽竟然全部用日語唱出，我大爲駭異：「媽，妳怎麼會唱這些歌，而且翻成日語？」「翻成日語？它們本來是日本歌，台灣人把它拿來填上台語，這些歌我二十歲以前就會唱了！」原來如此，我心裡開始有些瞧不起自己，怎麼我們自己不能做曲，只會填字遊戲？

後來我又學吹笛，笛聲雖然也有低沉的，但我偏愛高吭的棒笛，此時邊疆民謠如「跑馬遛遛的山上」、「揭起了你的蓋頭來」…等，有時吹「紅巾特攻隊」，甚至是「桂河大橋」的口哨或印尼的曲子，我心裡也開始再次產生反思：「爲什麼不可以吹別人的曲子？」我們的管弦樂不是演奏貝多芬的交響曲？

此後我的簫聲和笛聲就分不出國界了，有時「望你早歸」、「望春風」、「補破網」，有時「湯島白梅」、「博多夜船」，有時「山腰間的燈火」，只要能表達我的心境，舒解我的鬱悶，我都想也沒想的吹出來，不管用低沉的簫聲或高吭的棒笛。順便想起文學作品中有關簫聲的描述，此時蘇東坡赤壁賦中客有吹簫者那一段，便悄悄的來到我心中，替我表達出我不能表達的感覺。

尋隱者不遇

是一個又冷又濕的周末，天空仍然飄著小雨，我開著車子從中山高頭份交流道下，往南庄的方向緩緩行駛。行經中港溪橋，水梨的故鄉三灣，雨勢稍爲大了些，四周的山巒隱約在水霧中。

從東河鄉的某一個小山路口，沿著蜿蜒的產業道路，順著三十度的斜坡而上，我正要前往鵝公髻山的登山口，南庄的某一個小屋尋找那一位，已經找了多次，始終見不到面的隱者。除了我，大部份的遊客，不是在南庄街上逛小攤，買紀念品，就是在小吃店吃南庄的芋圓、小菜包。有些則是走過一座吊橋，步行上向天湖。

車子停在隱者之屋前的草坪上，屋門深鎖，仍不見主人，我左看右看，只有小屋半樓上的某一個窗子未上鎖，如果有梯子，沿梯子爬上去，或許可以打開，隱者不是留了字條說：來客隨意，是什麼原因以鎖把我拒於屋外？

在小屋前面的小池塘逛了一圈，發現錦鯉成群悠遊，乃把帶來的麵包屑、飼料抛一些下去，看到牠們爭食的拚勁，不覺好笑，爭食時的水聲，居然「著！著！」作響！

餵完了魚，心想既然進不了小屋，見不到隱者，只好沿著「錢媽媽民宿」旁的山路，走過「金鵝橋」，一面欣賞雨中的南庄，一面看看能不能看到隱者。怎麼這麼奇怪？是沒有緣份？還是時間不巧？我來了多次竟然無緣一見？

走到金鵝橋，橋下流水，沿著巨石縫穿梭，原來水比我聰明，會順勢而流，我爲什麼非要見到隱者不可？

抬頭，霍然發現鵝公髻山的三個山頭，都已白了頭，莫非山上降雪？我要不要爬上去，雖然明知山路難走？

卷三、愛之夢

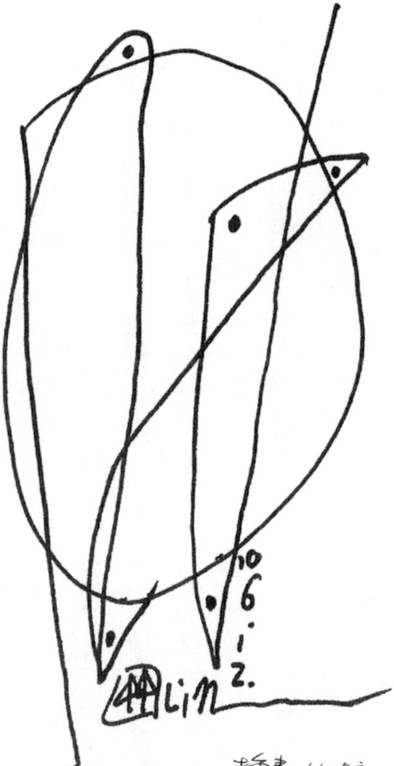

插畫：林煥彰

乍見星光

時間已經過了幾十年了，但那夜的景象，卻鮮明如在眼前。我無法忘懷，眞的，我怎能忘記星子第一次在我心空閃爍的夜晚？

那時我當南師文藝研習會的會長，負責策劃南師的藝文活動。那天晚上研習會邀請南部某報主筆到校演講，我和海雄、福建忙得不可開交，又是貼海報，又是佈置會場，硬是滿頭大汗，手忙腳亂。

人陸續進來，演講會預計七點半開始，不到七點，座上客全滿，祇好遠從禮堂再搬長板凳到圖書館，幾個工作同學，把又重又笨的長板凳從禮堂搬出來，經過操場，搬到圖書館大約有兩百多公尺，來回搬了好幾趟，但一看到聽衆的踴躍，場面的熱烈，我們那還知道什麼叫累？

主講人未到之前，我爲了怕無人發問問題場面冷清，匆匆擬了幾道題目，請在場的同學發問。當我低著頭發紙條時，發到一位女同學的面前：

「對不起，我自己已想好了發問的題目。」

驚奇的我，抬頭一看，心頭不覺為之一震，套句現在年輕人的話：

「哇塞！真正！」

整個晚上，我不知胡思亂想些什麼？也不知主講人講些什麼？直到發問問題時，我從口袋裡摸出剛才那位女同學拒收的紙條，我站起來發問：

「請問阿保里奈爾的圖象詩，藝術價值如何？」

「那位同學，請你上來把他的外文名字寫出來好嗎？」主講人說。

我一時呆了，糟！我沒記他的外文名字呢！我摸著我的腦袋。

「對不起，我不是要你出洋相，因為外國人名太多，不寫出來，光看翻譯，也許會弄錯……」

其他他在講些什麼，我都沒聽進去，怎麼能在「她」面前出醜，不好的第一印象？

散會後，我和海雄、福建負責清理會場。

「會長，我想和你討論剛才阿保里奈爾的問題！」

是她，令我心頭震憾的女孩！

「海雄、福建，偏勞你們了，我和這位同學談談。」

走出圖書館，我們沿著校園的小徑聊著，我驚奇的發現，她對詩竟有很深入的研究。聊著聊著，不知不覺已走到女生宿舍門口，她輕輕的說了一聲『再見』，臉上浮出一朵淺笑，那微笑一直到二十年後的今天，還那麼清晰，我的詩『妳的微笑』就是那天晚上寫的，當月就發表在文壇第四十五期。

我低著頭走回寢室，一路上想著剛才聊的內容，不得不佩服她對文學的研究遠勝過我，心中下定決心要加強閱讀，怎能輸她？

抬起頭，夜空正有一顆星星在耀眼閃爍。

側影

自從那天文研會之後，她的影子一直盤旋在我的腦海中，久久不去。我很想去找她，和她聊天。但是每當看到她和一群同學走過校園，我又沒有勇氣上前打招呼，更不敢單獨約她。我徬徨、焦燥、書看不下。

班上的同學，漸漸有人談她，大家都說她很美，尤其是『側影』。但大家也都說她很冷，我倒覺得她有些憂鬱。

『側影』的外號，在男同學中慢慢傳開，大家每天的話題都離不開她，而且愈來愈盛。陳懷少是班上的運動健將，打得一手好籃球，長得也帥，高高的個子，他首先表示要追『側影』。

「得了，陳懷少，你也不打聽打聽有多少人在追她，憑你是一個師範生也配。」牛皮是班上的『消息人士』，他最靈通，經常發表頭條新聞。

「怎麼？難道你發現什麼？」陳懷少一臉焦急。

「豈止發現，每天都看到一個成大的學生，到校門口登記會客呢！」

「她有沒有出去？」

「第一次不大理他，以後經常看那位成大同學在校門口傳達室苦候……唉！陳懷少，人家成大的都……」

「牛皮，你別長成大的志氣，滅咱南師的威風。」陳懷少一聽『側影』沒理他，總算有了信心。

漸漸的，傳說追她的人愈來愈多；三專一甲的王賢明；彈得一手好鋼琴，特師科的林傳興；寫作好手，五專一乙的柳亦成，還有…高醫的張文明……。美麗的女孩，追求的人總是多如過江之鯽。

有一個晚上，我竟做了一個夢，夢見她和一個英俊的男生，依偎的走過法華寺，我焦急、緊張的追過去，她們竟消失在街頭的轉角處，我瘋狂的轉來轉去，就是找不到她們，我到竹溪寺，一不小心竟在山門口摔了一跤，從惡夢中驚醒。

我忍不住的掉下淚來，還沒有開始，就做這種夢，當夜我寫了一首『午夜哭泣』，發表在校刊上。

往後的一些日子，我祇有站在三樓『遠遠的看她』，每次總感覺她距我好遙遠，我開始決定替她取『星子』的外號，我不和別人一樣叫她『側影』。

愛之夢

晚飯後，我獨自走上三樓，站在教室走廊的欄杆前看雨。雨淒迷地落著，最近一連幾個月都是下著綿綿細雨，我的心情，就和天氣一樣，陰霾不開，食不知味，書看不下，坐也不是，站也難過，這時我才知道偷偷喜歡一個人是什麼滋味，因此寫了那首『默戀的心曲』。

現在最大的困難就是如何接近她，使她覺得很自然，不產生驚慌。我知道突然對一個女孩子表示好感，常會遭到被疏遠的命運，班上已有好多人被公佈情書了。我困擾著，突然，練琴室傳來一陣幽怨的琴聲，是『愛之夢』，如怨如訴，我不知不覺被那琴聲吸引，走到練琴室的窗邊。

是她，那令我吃不下、睡不著的人兒。她正在彈奏『愛之夢』。

更令我震憾的是竟然滿臉淚痕。

我忍不住叫了她一聲，她抬起頭，看到是我，合上琴蓋，走出練琴室。

「你陪我淋雨，好嗎？」

「淋雨？」我有些意外，但還是陪她走上法華寺，我們在寺前小道上漫步，雨細細的下著。

「你的『午夜哭泣』我看了，很感動，是眞的嗎？」

「寫得不好，但那種感覺倒是眞的。」

「我也有那種感覺，祇是寫不出來。」她幽怨地說：「所以我就每天彈那首『愛之夢』。」

「爲什麼？」

「因爲我有一個很要好的朋友，已三個多月沒來信了。」

哇！我的天，我還以爲她和我心有靈犀一點通呢！

她幽怨的告訴我她的故事，她青梅竹馬的男朋友反對她唸師專，希望她唸高中、考大學，然後一道出國留學。現在她念了師專，已三個月沒音訊了。

「妳覺得他眞的祇爲了這個理由和妳疏遠嗎？」

「我也不知道。」她搖搖頭，神情有些恍惚。

「如果祇爲了這樣的緣故，那也沒什麼好留戀的。」我說。

「你不了解，你永遠無法了解。」

眞的，我永遠無法了解。她每天還是神情黯然，每個黃昏，都在練琴室彈『愛之夢』，反覆得令人有心碎的感覺。

每天我都去聽她彈琴，陪她走一段路，聊一些較有趣的事，希望她開朗起來。我知道她程度很好，唸師專非她所願，而是家庭經濟的因素，不得已才唸師專的。那時剛好馮馮（馮士雄，微曦的作者）當選十大傑出青年，在中央日報登了一篇『我的奮鬥史』，頗有鼓勵性。我把剪報拿給她看，馮馮才唸了十天高中，人家還不是可以『成功』，我希望她能獲得一點啓示。

眞的，我誠心的希望她快樂，我甚至有爲她北上找那位朋友談談的衝動。

生命的春天

星子開始有笑容了，我很高興能每天和她在一起散步，和她一起在圖書館看書、討論問題。她也開始寫文章投稿，筆名叫雲影。並替我剪貼收集我已發表的作品。

圖書館的後邊有一片芒果林，圖書館一樓靠芒果林那邊的走廊有一盞相思燈，我們讀書讀倦了，就在相思燈下聊天，在芒果園中散步。那段日子，我感到很充實，靈感特別豐富，『頌星組曲』『星頌集』『山城之春』等就是那時期的作品。

我們在一起的時間，愈來愈多，甚至晚自習時，我也跑到她們教室去找她出來聊天。她們教室在一樓最東邊，我們站在路燈下或教室前那個噴水池邊聊著，眞的，我很快樂，小小的噴水池在我的腦中幻化成煙波浩淼的大湖，我們在湖邊，臨波而立，那情景至今依然鮮明如昨，不能忘懷。

晴時多雲偶陣雨

與星子在一起的日子，我變得很愛乾淨，很用功，文章寫得更勤，內心裡有一種莫名的力量，鼓舞著我。

我們一起在圖書館看書，一起散步在法華寺、芒果園，我的夢想都實現了，我好快活。有一天我告訴星子：「我們去實踐堂看亂世佳人。」結果竟讓我在相思燈下等到電影散場。我不敢問她什麼原因？至今我也不明白什麼原因？

文研會舉辦郊遊，她寧願跟三孝的楊明聖在一起，和我保持相當疏遠。嘉義同鄉會到安平去郊遊，我要她和我到海灘走走，她竟搖頭，卻將小蕃茄一個一個送進三專一甲一位男生的口中。我很憤怒，中途先回到學校。

我拿了竹簫到芒果園吹，愈吹愈傷心，並且開始幻想，好像多年的戀人離我而去。當晚我寫了一篇散文『流雲的夢幻』，發表在商工日報。後來又把它改寫成詩發表在「作品」第二十二期。

第二天，星子遇到我，問我爲什麼提早回來？那天同鄉會節目好豐富哦！問我爲什麼那天晚上不再去芒果園？她那裡知道我已用簫聲，澈夜在向她低訴？我沒說什麼，祇有搖頭，她一臉疑惑。

有一天晚飯後，我照例到練琴室找她，意外地，楊明聖已先我在那邊。我站在外面沒有進去。

「詩媛，妳爲什麼同落蒂那麼好呢？」

「我喜歡他的詩，他是我心境的代言人，他很多詩說出了我心中的悒悶。」

「算了，詩媛，不能讓臺北那位朋友把妳的一生都……」

「你走吧！我不想和你談他。」

楊明聖低著頭走出練琴室，『愛之夢』又像夜鶯的哀啼，把我引了進去。

「是你！」她站了起來，我們一起走到法華寺。

「妳爲什麼又……」我看她心情不佳，臉上有淚，把手帕遞了過去。

我有千言萬語想對她說，但我一句話也說不出來。

我們低著頭走著，祇有我們的腳步聲，在靜夜裡，十分清晰。

我想著她的情緒之所以不穩定，一定和他有關，對，一定是臺北那位男孩。我很想見見他，我心中下定決心，一定要見見他。

讓淚水洗盡妳心頭的憂鬱

一連好幾天沒有看到星子了，我在圖書館找不到她，芒果園找不到她，練琴室也找不到她。我問她班上的同學，她們說星子請了好幾天的假，我猜想她一定是到臺北去了。這樣也好，讓她們當面談談，也許情況可以改善。我眞不願意看到她失魂落魄的樣子，我希望她快樂，眞的。

星子不在的這幾天，我眞的食不知味，常常徘徊在我們去過的地方，我想了好多、好多。她一定還念念不忘臺北那個男孩，不然，她為什麼忽冷忽熱，情緒時好時壞？有一次我們一起回嘉義，本來約好搭同一班車回學校，她竟讓我在火車站等到深夜不見人影，我痛苦、焦燥的心情寫成了一篇『車站・午夜零時』，發表在商工副刊上。現在，我完全明白了，她愛的人是臺北的那個男孩，其他的人皆不上眼，心情不好時，找人陪她聊聊天、解解悶而已！我胡思亂想，又走到了法華寺，突然我聽到低低的啜泣聲，我循聲而往。是她，竟是她。

「詩媛！」

「……」

她看到是我，淚水更加洶湧，我告訴她盡情的哭，哭過就好了，淚水可以洗去心頭的悒悶。我不敢責怪她這幾天那裡去了，也不敢問她，我們默默的走在那條小巷。我思緒亂得要命。

經過了好長的一段時間，星子還是神情黯然，雖然每天同我在一起，但我可以感覺她很痛苦。而我，比她更痛苦，我責怪自己，爲什麼不能讓她快樂？爲什麼我能力那麼低？

我一定要北上，一定要去見見那個男孩，我已經下定決心了。

台北，台北

我請了兩天假，從臺南搭一大早的火車到臺北，一路上思潮起伏，想起陳懷少他們，不禁感到自己好傻好傻，但我願意，祇要星子快樂，我願意痛苦。

陳懷少碰了幾次壁後，已見風轉舵，交上了三信的黃素枝，楊明聖也和五專一丁的郭月走得很近；高醫的張文明也很少來學校了，祇有偶而看到成大那位同學還在校門口苦候。

腦中思緒紛亂，車窗外的景物，一直向後倒退，我想起了嘉師的蕭淑貞，她是看到我在報上發表的文章而來信的筆友，筆名叫寒月，我偶而回她一封信，而她的信寫得很勤，並和我辯論「男女沒有友誼」，她那裡知道，我整個心已被星子佔得滿滿的。

到了臺北已是下午四點多了，我按址找到他住處，房東說他還沒回來，要我在他房間等他。我環顧一下四週，佈置十分雅潔，很多外文書籍，書桌上有一張他和一個長髮女孩的合照，卻不是詩媛，我仔細看了半天，沒有詩媛漂亮，更沒有她那份靈氣。

五點多，他回來了，我自我介紹是林詩媛的同學。

他一臉訝異，但還是微笑著說：

「請坐！」

我們沉默了好幾分鐘，我不知該說些什麼？

最後還是他先開口：

「你是詩媛的同學？前不久她來找我，我已跟她說得很明白了，請問你是……」

「哦！我看她很痛苦，所以……」

「時間可以治療她的傷痕，我知道我們曾經要好過一陣子，突然分手，她一定無法適應，不過，人各有志……」他指著書桌上的合照告訴我：「你看，這張照片上的女孩，她父親是中將，有地位；她伯父又是上航企業的董事長，何況我們的理想一致。」

我告辭出來，冷風使我打了一個寒噤，再談無益，我走到了新公園，又走到植物園。臺北，臺北眞是厲害的地方，可以使一個人澈頭澈尾的轉變。

我漫無目的的走了幾圈，又踱到火車站，剛好有一班南下的夜車。我上了車後，閉目休息，企圖忘記剛才他現實的嘴臉，但他的形象太鮮明、太鮮明了，鮮明得令我的腦中一夜都是他的影子。

第一聲再見

從臺北回來後，我和星子在一起的時間更多了，她的一舉一動均能影響我的情緒以及我的寫作。那段時間，作品出奇的多，寄出去登出來也快，也許老編喜歡那種東西，也許它們「眞」的可以感人。

星子慢慢「正常」了，不再晴時多雲偶陣雨，寫作也比以前積極，我很高興。尤其後來竟當了南師專青年的總編輯，更令我雀躍。

我的文章題材大概都離不開星子。有一天，星子竟問我：「你文中的『星子』是誰？她好幸運。」

當時我楞了，她居然不知道我寫她？天呀！我怎樣回答她的問題，我祇有苦笑。

有一個周末的下午，我照例到法華寺等她，今天我一定要告訴她『星子』就是她，我一定要拿出勇氣。到了約定的時間，她居然沒有來，我時坐時立，時而踱方步，最後我拿起筆，想把那種感覺寫下來。

「寫文章呀！落蒂。」

我抬起頭來，竟是三專一甲的同學林素媛，鋼琴彈得頂好，學校開慶生晚會時她的獨奏令人如醉如癡，所以我認識她。

「嗯！請坐。」我不知該說什麼，用手拍拍長板凳。

「你的筆名不好，怎不換個筆名？」她坐了下來，關心的說。

「謝謝妳，文章寫不好，改了筆名也沒用，等我寫好了再改。」

接著她自稱是詩媛的乾姐姐，因爲她們名字聲音相近，同時她喜歡詩媛。她又告訴我，詩媛才一年級，還要唸五年，如果這樣跟我「混」下去（多難聽的字眼），她可能畢不了業，何況社會上的人都認爲男孩子的學歷要高過女孩子，你才唸師範三年……

我請她不要再說了，她已嚴重刺傷我的自尊心，我跟她保證，一定不再跟詩媛來往。

我覺得沒有什麼好說了，我站了起來，向她說了一聲：「對不起，我要回宿舍了！」她也急忙站了起來，並問我：「你要不要考大學？」

我當時很氣憤，也很難過，我說：

「不知道，我會用事實答覆妳。」

我急急的奔回宿舍，埋在棉被裡。爲什麼？爲什麼到臺北唸書的人變得那麼現實，到臺南唸書的人也一樣？整個世界，頓時天旋地轉了起來，我對詩媛的愛，就像『木棉花』，一夜之間，長滿整個城市，同時也在一夜之間，落盡了所有的葉子。我整個人虛幻了起來，這時，我反而哭不出來，我的胸口悶得快要炸開，那種感覺一直在我心中，久久不去。（二十年後，我把它寫成『木棉花』登在風燈第廿五期）

當夜，我去找詩媛，拿回我的作品剪貼簿，林素媛也從宿舍跑了出來，焦急地說：

「什麼事？怎麼回事……」

我沒有回答她，拿著剪貼簿，道了一聲「再見」，急急奔回宿舍。

飄

和星子分手後，我內心很痛苦，每夜徘徊在星光下，獨自承受難耐的剪熬，我把這種感覺寫成『星光下』『星子』等兩篇文章，分別發表在中華日報及成功晚報。

她在我腦海中的印象，實在太深刻了，我驅除不了，我想見她，但我不能自食諾言，我祇能站在三樓教室，遠遠的看她。『在遠遠的地方看你』那首詩，就是描寫當時的感覺。

「唉！與其臨淵羨魚，不如退而結網！」我在痛苦中，猛然醒悟：

「我祇是個師範生，對，她的話很有道理，我必須更上層樓。」

我開始到書店找書，找升學叢書，一堆一堆的買回來，開始研讀，三年後，對，三年後我要讓她，讓林素媛刮目相看。

我不再去法華寺，一有空就跑到師專附小唸書，有時甚至唸通宵，三更半夜回宿舍是常有的事，我要讓書本來痲木我的神經、我的想念。

總算捱到畢業了，畢業典禮完後，我默默的走回宿舍整理行李，同學依依不捨的互道珍重再見，而我茫然若失。

正在整理行李時，牛皮拿了一個包裹給我，說是五專一丁一位同學交給他的，請他轉交給我。

我開開一看，是兩本上下集的小說『飄』。一時，我難過得跌坐在床上，久久說不出一句話，對，一切都成爲過去了，像風帶走了一切。

等我奔出宿舍，已不見人影。我在馬路上苦苦守候，星子要回去，一定要經過這裡，我一定要和她說一聲：「再見！」一定要和她揮個手。

也不知等了多久，星子總算和一位同學坐了三輪車，帶著皮箱走了。我奔過去，揮揮手，嘴巴竟發不出聲音說再見。

她走了，三輪車消失在樹林街的轉角，我難過得想哭，但哭有什麼用？男兒有淚不輕彈啊！我茫然的走回宿舍。

無心整理行李了，我翻翻那兩本書『飄』，扉頁上竟寫了幾個字，剛才怎麼沒有看到？『落蒂，強忍著不給你去信，但內心裡已給你寫過很多次了。每每想起那一百多天的相處，總會流下甜蜜與感慨的淚水，我們，我們再不會有那樣的日子了……

在我心情最壞的時候，你悄悄走近我身邊，給我誠摯的關懷，更給我精神的鼓勵，我永銘心底。

你畢業了，除了祝你鵬程萬里外，我更祝福你和星子有情人終成眷屬。

詩媛上』

「和星子有情人終成眷屬？」我喃喃自語著，眞的可笑，她爲什麼無法體會，我筆下的星子就是她？

暗淡的螢光

南師畢業後，我被分發到社團任教，那是梅山腳下的小學校。我帶了很多書，準備好好念一念，三年後讓林素媛刮目相看。

可是看到書，我又想起了星子。每一個字都是她的影子，我讀不下去，頭疼得要命，我眞想立刻到臺南看她，告訴她我心目中的星子就是她，可是我不能忘了我對林素媛的諾言，我已答應她，我不再和詩媛在一起。

我想起我們在一起的日子，我想起我們同行的日子。我拿出她送我的照片，仔細端詳了半天，星子，妳爲什麼要在照片的後面寫上『讓我們共同去追求那最眞最善最美的生命』呢？它像針一樣的刺痛我的心。初到社團的幾天，我一直等待她給我來信，可是祇等到蕭淑貞給我的信，她會從報上知道我分發社團的消息，星子竟不會？

淑貞的信，每一字每一句都是無限的關懷，可是無法治癒我內心的傷痕，更無法彌補我對星子的想念。我開始寫信給星子，每天一封，有時一天兩封，寫好就放在抽屜裡，不敢寄出。而給淑貞的回信卻是懶洋洋的，往往收到信一兩個月才回，有時竟用明信片。我希望她能知道我的心中已被星子佔得滿滿的。可是淑貞的信愈寫愈勤，我沒回信她也照寫，而且一寫就是七、八張紙。我決心告訴她我的想法，我不能辜負她的一片心意。

信寄出後，意外地，淑貞竟跑到社團來找我

見面時，我不知該說什麼才好，還是她先開口：

「你的信，我看了好幾遍，你是我第一個筆友，也是我最後一個筆友！」她黯然地說。

「淑貞……」

「我知道，詩媛是你的女神，你的星子，而我祇不過是螢火蟲，被你遺忘的小草……」

「淑貞，不要這樣說……」

「我知道，我曾經爲了一睹星子的芳容，在嘉義客運北站等了一個下午，才和她坐同一班車子，她的確漂亮……」

我默默的聽著，我知道辯白也沒有用。

「我曾經寫信給詩媛……」

「淑貞，妳怎能……」

「別急，我沒有提到你的事，我祇告訴她在車上有幸與她同班車，羨慕她的『出衆』，想與她交個朋友。」

我們終於聊得比較投機，漸漸的話題也不再以星子爲主。我告訴她我的感觸和抱負，甚至連對現實的不滿都告訴她。我送她離開社團的時候，她給了我一頂帽子：「悲憤詩人！」

讀星的夜晚

我立志要讀書，可是效果不大，時常頭疼。每當頭痛唸不下書的時候，我就徘徊在校園裡，看天上的星子和梅山的燈火，我眞想寫一封信告訴星子，我內心的痛苦。

有一個夜晚，我正坐在升旗臺上看星星，突然，有個人影走進校園：

「楊老師，眞好興緻啊！」

原來是剛服完兵役，從山上調到社團的王老師。王老師住在大林中學宿舍，怎麼突然到學校來？

「你一定奇怪我爲什麼突然來學校吧？」他抬頭看著天上的星星幽幽地說：

「我在附近租了一間房子，準備參加聯考！」

「啊！我也是，王老師，眞好，我們可以互相鼓勵！」我把星子的故事說給他聽，他聽得入神，祇告訴我一句話：「把想她的心，化爲讀書的力量！」

他也告訴我他的故事。他的女朋友柳菁蓉已唸師大四年級了，而他竟在兩年前服務期滿時，參加聯考鎩羽。

「你知道的，參加聯考失敗並不算什麼，但對我卻是很大的打擊！」他停了一會，臉上的神情顯得很痛苦。

「菁蓉的哥哥找到我，要我和她斷絕來往，她爸爸甚至於到家裡侮辱我父親……」

「眞有這種事？」其實我心中明白，他們反對他和菁蓉的交往，無非是學歷，唸師範的沒出息等等。

「我埋頭苦讀三年，居然在考前一個晚上發高燒，你說，叫我如何甘心。何況考不上馬上要去當兵，回來再考，已是兩年後的事了！」

我仔細的聽著，他告訴我在服役期間，爲了偷看書，而被罰衛兵，罰衛兵時偷背英文，終於感動了一位排長的故事。

「那位排長是臺大畢業的預官，他告訴我他的求學、戀愛都一帆風順，可是他反而羨慕我，他認爲他那樣的生命太平凡了。」

「臺大的學生果然不凡，至少他有這樣的眼光！」我說。

「其實也不全都如此，考前我曾到臺北補習，沒課就到臺大圖書館看書，有一位女同學居然遞給我一張字條『非本校學生，請勿佔用座位』，當時我氣得幾乎發瘋！」他停了一下又說：「她怎麼知道我就考不上臺大？」

我們聊著，我知道他曾爲了唸書在臺北過年，找不到吃的，竟每餐都吃生力麵；我也知道他爲了給菁蓉寫信，叫朋友在菁蓉家附近徘徊，直到菁蓉看到才叫弟弟或妹妹出來「偷渡」進去，有時被發現，弟妹還挨打，愛的力量，眞的令人感動。

我們聊著，幾乎忘記已夜深了，我們一起讀著天上的星星，我們互相祝福，互相勉勵，我終於在日記上寫下了這麼一句話：「把想她的心，化爲讀書的力量！」

下著微雨的晚上

有一個微雨的晚上，我正煩得看不下書的時候，王老師帶來了煙和茶葉。我們就在辦公室煮起茶來。我們把茶泡得很濃，喝著苦澀的茶汁，相對的吐著濃濃的煙圈。

煙一支接著一支，我們毫無睡意。

「老楊，我很苦惱，今早菁蓉她媽又來找我，我知道她很爲難，做母親的總是向著女兒，但她爸爸和哥哥卻堅決禁止我們來往。」他吐了一口很濃的煙接著說：「我已決定離開菁蓉了，你可以想見，她已快大學畢業，而我竟連大學的門都還沒進。」

「王兄，快別這樣想，衹要菁蓉對你的心意不變，事情就有辦法。」我喝了一口茶：「你想，若是你這樣離開菁蓉，她會有什麼想法？」

「所以，我下不了決心！」

他雙手抱住頭顱，十分痛苦的樣子。

「我在臺北補習時，菁蓉都來幫我整理房間、洗衣服，有一次我留了一張字條，叫她不要再來了，你猜她怎麼說？她居然也留了一張字條說：『我爸爸這樣逼我，已使我夠痛苦了，你還對我這樣！』使我一直下不了決心！」

聊著，聊著，我突然想起星子，如果她也這樣對我，那該有多好。我突然決定，我要到臺南去，去告訴星子，我寫的星子就是她，告訴她我的想念，我的痛苦。我無法再忍受下去了。我無法再遵守對林素媛的諾言了。

「王兄，我想到臺南去！」

「為什麼?老楊，你……」

「我要去找詩媛，我要把一切都告訴她，我要她和菁蓉一樣，和我共同奮鬥，鼓勵我……」

外面的雨，仍細細下著，老王沒表示意見。他似乎沉思著些什麼。我也很矛盾。終於狠狠吸了一口煙，走出辦公室，我決定到臺南找詩媛。

台南行

我被雨淋得濕透，我發抖的在校門口等到門房來開門，他以奇異的眼光看著我，我在會客簿登記了詩媛的名字。

她終於出來了，數月不見，風姿依舊如昔。看到我，有些驚異的樣子。

「落蒂，你怎麼來到臺南？為什麼淋了一身濕透？」

一時，我竟講不出話，更別說要告訴她我的想念、我的痛苦了。很久很久我才說：

「妳好嗎？臺北那位朋友……」

「還好！」她幽幽的說：「他還是經常來臺南看我。」

「他已回心轉意了？」我著急的問。

她搖搖頭：「他說他不可能跟我結婚，但他喜歡我……」

「這是那門子的哲學？」我有點生氣。

「我不怪他，是我心甘情願的！」

我什麼也說不下去了。她問我許多問題，我彷彿沒有聽見，也答非所問。離開學校的時候，她還一臉疑惑。

我拖著笨重的身子回到社團，身體感覺一直發冷，走到值夜室時，眼前一黑，竟失去了知覺。

恐白症

我醒來的時候，發現自己躺在一間白色的病房裡，還打著點滴，媽坐在旁邊，意外的，還有淑貞。媽告訴我，我已昏睡了三天三夜了，而且一直發著高燒。我感到很慚愧也很抱歉。四周耀眼的白色，突然像一根根針一樣，刺痛著我，什麼白色，什麼純潔，一切都是騙人的。我吵著要出院，我要回家靜養。

媽拗不過我，祗好去辦退院手續，醫生堅不答應，我還和他吵了一架，醫生終於生氣的說：「回去你自己負責！」

「自己負責就自己負責，我討厭白色，在這裡我永遠好不了！」

回到家裡，每天躺著，想的不是星子就是淑貞。媽說淑貞在醫院照顧我三天三夜，可見她愛我之深之眞，我爲什麼一直執迷不悟，去愛上一個虛幻的影子。

病稍好後，我回到社團，把過去的日記拿出來，一篇一篇的讀著，一篇一篇的引火點燃，火焰愈升愈高，我眼淚忍不住的流了下來，我要燒掉一切不成熟的夢幻，我要燒掉一切足以引起我記憶的東西。我甚至於要把星子從我的心中驅除。

我寫了一封信給淑貞，對她在我病中的照顧，表示感謝，我第一次主動約她來社團聊聊，我想告訴她，我不再念書了，我要和她結婚，在山腳下的小學教一輩子書，買一塊山坡地種一些水果，養一些羊。

我很頹廢，把升學叢書都綑了起來，我已下定決心和淑貞好好談談。

送你一程

淑貞終於又來到社團了，我帶著她到校園南邊的樹林裡，找了兩塊大石頭坐下，我想向她求婚，但不知如何開口。

淑貞背對著我，面向校外的一片葡萄園，突然啜泣的說：

「我要結婚了，跟我的同事林先生結婚！」

太突然了，我一時竟楞在那裡。

「最近母親病重，她希望生前能完成心願，看到我結婚。」她回過頭來，滿臉淚痕：「一切都是命，我們無緣！」

「淑貞，我……」

「你什麼也不必說了，我很瞭解，你愛星子，任何人也無法代替她在你心中的地位。」

天空突然飄來一些烏雲，接著下起雨來。

「我該回去了！」淑貞站了起來。

我不知道該說什麼才好，我和她默默的走出學校，雨細細的下著，我們都沒有撐傘，雨點打在我臉上，我感到前途茫茫。

「你回去吧！別又著了涼。」淑貞淒然的說。

「不，我要送妳一程！」

我們一直走了一個多鐘頭才到大林，送淑貞上車後，我茫然的亂逛，也不知何時回到社團……

燒不掉心中的記憶

淑貞結婚了，星子殞落了，我迷茫了好長的一段時間，我既不看書，也不寫作，每天迷迷糊糊的上課，晚上就到大林看電影，不管什麼片都看，而且連著看兩場，我希望有一種東西可以使我忘記過去，可以使我麻木……

有一天，老王又來找我，我流著淚把我的事情告訴他，他沉思了很久，終於很嚴肅的對我說：

「你喜歡星子，那是年輕時的一種夢幻，也許受了市面上言情小說的影響，而你不喜歡淑貞，勉強結婚，對她對你都不好，所以，你現在不必消極，把心思放在書本上，也許過些時間，你長大了，成熟了，會覺得現在的想法很幼稚……。」

我仔細的聽著，但一時還是快樂不起來。

「我要辭職了，老楊，你要多保重！」老王望著辦公室外邊，滿天耀眼的繁星，鄭重的說。

「爲什麼？」我一時竟弄不懂：「書教得好好的……」

「你不明白，我一定要考上大學，我一面教書一面讀書，時間不夠，也怕誤人子弟。」

我了解王老師的心情，我靜靜的沒表示意見，那夜，我們聊到天亮。

老王第二天果然遞出辭呈，上臺北補習去了。送他北上時，我祝福他金榜題名，和菁蓉結婚時，不要忘了請我喝喜酒。

王老師走後，我顯得更孤獨了。每夜伴我的，就是那支竹簫。每夜，我都坐在升旗臺上吹，我希望夜風能將我的簫聲，帶到星子那裡，讓她知道我的心意。我還是無法忘記星子，我燒不掉心中的記憶。

心形的貝殼

經過了二年，我在痛苦和矛盾中過日子，距離服務三年期滿，祇剩一年了。我突然意識到，再這樣下去，祇有當兵去，如何向林素媛交代？

我開始摒除一切雜念，把書又搬出來，唸不下去，就到嘉義道成、中興兩個補習班聽課，我希望拿錢來請別人督促我唸書。

皇天不負苦心人，我考上了師院英語系，我寫了一封信給星子，把我的思念、我的痛苦，一骨腦兒都渲洩了出來，我希望到溪口去看她，我希望和她一起去找林素媛，我要告訴她，我沒讓她失望。

信寄出後不久，我收到星子的一封限時信。祇有短短的幾個字，她告訴我不必去找她，她不會在家等我，她不配做我的星子，我把她描述得太好了，令她慚愧……

我不相信，獨自騎著車子到溪口，果然她不在家，家人也不知她到那裡去了。

我找到表妹，詩媛的同學，追問關於詩媛的事。她很爲難，幾次欲言又止。

我心裡約略明白是什麼回事，去臺南那一趟，我就知道了，但我不相信，我心目中的星子怎麼會……，我一定要當面和她談談，我一定要親自見她，我才會死心。

我在表妹家住了下來，我求表妹每天去打聽，祇要星子回來，就告訴我。

直到我收到上成功嶺的通知，詩媛還是沒有回來，我祇好很難過的上了成功嶺。當晚，我就寫了一封信給星子，我告訴她，我能夠考上師院，完全是她給我的力量。

十幾天後，她寄來了一顆心形的貝殼，告訴我必須忘了她，她不配和我在一起，她說如果早在我畢業之前，也許情況可能不同，但一切都太遲了。

「爲什麼？」我撫弄著那顆心形的貝殼，一顆流星，劃過成功嶺的夜空。

離開成功嶺之後，我回到師院上課，每天看著那顆心形的貝殼，忍不住還是給詩媛寫信。但是寫了好幾封，都如石沉大海，也許，一切眞的太遲了。

讓我給妳一個名字

一切都太遲了？我實在無法相信，我還是不斷的給她去信，我企盼殞石再亮起……。

在師院的第一年，由於心情不好，由於院方許多措施令我無法適應，我心情很壞，得罪了許多師長。

有一天，一位教授找到了我，和我談了許多話，我很驚訝，最後他告訴我：

「要去潮州看看林老師，這次他費了很大的力，你才沒事。」

我找到了英語系一位同學一起去潮州，因爲她有一位姑媽在萬巒，她常去，比較知道路該怎麼走。

在去潮州的路上，我們聊了很多，也聊到星子，她十分同情我。每當我說到傷心處，她還會遞給我手帕。她一句話也沒說，總是靜靜的聽著。

潮州回來後，我們常在一起聊天，蘭苑前的草坪、凱旋國校旁的鐵道，都是我向她傾吐傷心回憶的地方。

我們一起去壽山、去大貝湖、去旗津。我發現我跟她很談得來，和她在一起，有一種愉快、祥和的感覺，不像以前同詩媛在一起一樣，常有話說不出口，常感到很痛苦、焦燥。

我們無所不聊，但每次都是我說的多，她總靜靜的聽著。有一個夜晚，她靜靜的聽我吹完『飄零的落花』後，我告訴她：

「我給妳一個名字，好嗎？」

「好啊！」她的臉上有一種驚異的表情。

「以後我就叫你靜帆，如何？」

從此以後我都叫她靜帆，我們心裡有一種默契，我不再煩悶，除了唸書在一起外，小琉球、大津瀑布都留下我們的足跡。尤其雨輕輕落在大津的夜晚，同學們在大津堤畔搭營、生火，我們靜靜面向大津堤，聽著雨落溪上的聲音，我們感覺很愉快，有一種實實在在的感覺，我漸漸的忘記那虛幻的影子——詩媛。

婚禮

在師院四年，有靜帆陪我唸書，陪我散步聊天，我的心情漸漸開朗了起來，我差不多完全忘記星子了。我們早上四點多鐘，就騎單車去逛大貝湖，那時，天色微明，湖面罩上一層霧，一大群同學，都爲這種景色所陶醉。登上中興塔，東邊鳥松村的炊煙，使我第一次相信，有些國畫是眞的，張大千的潑墨山水畫是眞的，我們看到大自然把一幅最美的山水呈現在我們面前。

我們一起辦郊遊、烤肉，到臺南探訪名勝古蹟；一起去當家教，買打字機、錄音機，我們沒有驚心動魄、牽腸掛肚的愛情，但我覺得很實在。與靜帆在一起，我沒有煩惱、沒有痛苦。我們畢業後一年，就結婚了。

結婚那天，親朋好友，足足請了三十幾桌，有自東部趕來的同學，我很興奮。

正當我在招呼客人入座的時候，有一個女孩走到我面前低聲的說：

「祝福你，落蒂！」

我抬頭一看，正是多年不見的詩媛。

「星子！」我脫口而出，忍不住手緊緊握住對方，許久許久，直到媽喊我：「趕快來招呼一下，你們校長來了！」我請星子坐一下，我馬上來，我有許多話想問她。

匆匆招呼校長坐定，我急急奔出，詩媛已不見人影。有人說一個騎機車的青年把她載走了。整個晚上，陪著舅舅招呼客人、敬酒，像個木頭人似的，我不知自己做些什麼。

客人散去之後，我回到房間，靜帆偷偷在流淚。

「對不起，我一時失態！」我感到很不好意思。可是腦中一直不明白，詩媛為什麼偏偏在這時候來？我平靜的心情，又激起了許多漣漪，久久無法散去。

「沒關係，我瞭解你！」靜帆沒再說什麼，我們沉默良久，我說：

「我要到溪口一趟！」靜帆沒有反對。

我騎著機車，衝到溪口，詩媛她家人表示她不在，我問了許多問題，他們都祇有搖頭。我又找到表妹，表妹說：「哥哥，你既已結婚，有許多傳說我必須告訴你。」

我聽得迷迷糊糊，祇記得什麼『寒冷的冬夜，詩暖在街頭上，一個人走到天亮。』什麼『整個暑假不知去向……』什麼『家人常叫她吃飯，她一連好幾天不吃……』

我回到大潭，靜帆已睡了。我坐在床前獨自沉思，為什麼我還是忘不了她？在師院四年，加上在社團三年，整整有七年的時間，她一出現，又把我平靜的生活搞亂。

我一直在床前，坐到天亮，腦中亂糟糟的。

永恆的星座

結婚後，我發現靜帆比我想像中要賢慧，媽更是逢人便誇。尤其在婚禮當天的事，她絕口不提。她不願意使我難堪，更不願使我勾起痛苦的回憶。

結婚後不到半年，我就去服預官役。長達一年十個月的兵役，在分離中，我才感覺到靜帆給我的，實在太多了。她替我孝順母親，納會建屋，默默的爲改善我們家的困境而奉獻著。尤其懷孕流產多次，才順利生下幾個女兒，更使我對她平凡而偉大的愛感到內疚。

我加入風燈之後，爲了紀念過去不成熟的感情，出版情詩集『煙雲』，許多同學、同事每每問她：「妳不吃醋？」她都衹有微笑代替答覆。

愛是什麼？許多人爲它下了不同的定義。但靜帆所給我的是實實在在的愛，既不波瀾壯闊，也不柔腸千折。

我在寫『愛之夢』的時候，她總是默默泡上一杯茶，默默的坐在旁邊，閱讀我的文稿，指出不妥的地方，爲我更改漏字、錯別字。

我終於知道，我的星子在那裡了，我的書房名叫『讀星樓』，每夜，我都會仰首瞥見那：

『燦然而永恆的光芒。』

（原載七十一年青草地週刊，七十一年十一月由青草地雜誌社出版《愛之夢》單行本）

卷四、我們那一班

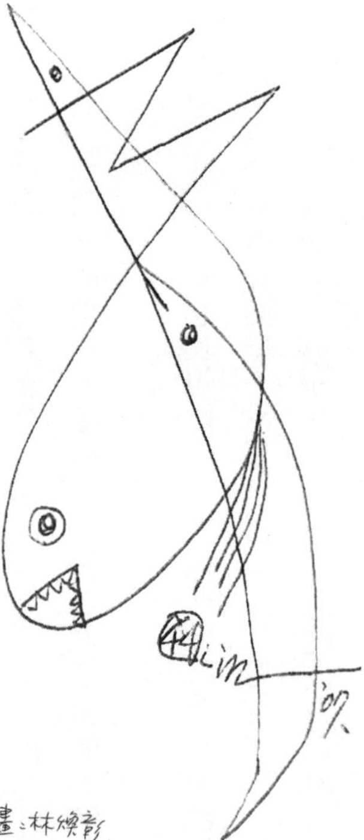

插畫：林煥彰

我們那一班

白青俠寄來他的演唱集第二輯的CD，包括「花心」等十八首歌。仔細聆聽，比第一集更有韻味，更令人喜愛。

「對於一個喜愛歌唱的人，當不成歌星，總要錄下自己的歌聲，讓好友分享。」老白在電話那頭如此說。

的確，認識老白已四十年了，每次同學會、晚會，都少不了老白的歌聲。我曾對老白說：「你何不轉往歌唱界發展？」老白一臉無奈：「有那麼簡單嗎？」原因當然很多，但和許多同學一樣，認爲「讀師範院校，職業有保障」是普遍的理由。於是書一教，就這麼數十年過了。

大一第一次晚會，老白就展現了他的音樂天份，歌藝及組織能力。他把會口琴的集合起來訓練成主伴奏，加上一些敲打樂，配上幾位歌聲較好同學的歌唱，組成了「克難樂隊」，居然風靡當年的師院。老白美妙的歌聲，在同學心中種下了深刻的印象。蘇志仁的「白蘭香」更是迷倒了許多女師的小妹妹。

同學多才多藝，還有許多同學的歌聲都可以達到專業水準，例如王麗玉的「家後」，唱來更是婉轉動人，她的感情表達了一個做人妻子數十年後眞正心情，感情之深刻，可以說已深入骨髓，和許多歌星不同的是：「能表達歷盡人世滄桑的感受。」「表達」和「表現」之不同，在此有了明顯的分野。

另外，陳水雨的台語「四句聯」功力更是不同凡響。王麗玉兒子結婚，陳水雨受邀上台主持，整個婚禮的程序既流暢又趣味橫生。大家都被他生動、幽默的台語「四句聯」弄得哄堂大笑，忘了喝酒吃菜。

陳水雨對待朋友更是熱情，他住在水里鄉，靠近風櫃斗梅花風景區。每當同學爲了賞梅，都要去麻煩他，尤其是遠道的同學，都要住上幾天。他除了招待食宿之外，還充當導遊，什麼「梅王」、「梅后」、「梅花餐」等有關梅花的一切，風櫃斗附近的情形，他都耳熟能詳，同學都有不虛此行之感。

黃隆鑫的歌藝也進步神速。有一次同學在龍潭聚會，黃隆鑫和陳水雨互相飆歌，十分引人入勝。可惜，歌唱設備老舊，無法充分展現他們的歌藝。

說到唱卡拉OK，林天奇最熱情，買了一棟別墅，設備了上好的音響。許多他的同事、退休教師都常到他的別墅歡聚，他都不會不耐煩，並且準備了許多吃喝的東西，讓所有朋友唱得盡興。

有一次，洪瑞雄兒子結婚，羊頭和阿香，還有王文得當晚住在黃淮英家，第二天到林天奇家附近吃「客家菜」，又到別墅唱歌。羊頭說：「我被高雄的同學盛情感動了！」他唱了首上氣不接下氣的歌之後又說：「回去要好好練唱了，否則怎能和同學飆歌！」

第一屆高師大英語系的同學，感情非常深厚，時常開同學會。每次見面都十分愉快，有聊不完的話。這些鏡頭有熱心的潘棋隆在九十年「虎頭埤之會」時替同學拍了光碟。九十六年四十週年校慶時，阿冬雄也替同學做了光碟。每次放映出來，看著同學的歡樂身影，都會忘我的大笑起來，家人都訝異的問：「你在笑什麼？」「我在笑同學滑稽的樣子呢！」

同學會除了早年常回高雄舉辦之外，八十九年起即常在全省風景名勝舉辦。八十九年就由黎和尚在獅頭山舉辦。和尚規劃得十分仔細，行程安排，路線標記指示都做得很好，遠道的同學不必太費心，就能找到「勸化堂」。

當晚，呂源金的「健康講座」最吸引人。可惜，獅頭山寺廟有「熄燈」規定，只好意猶未盡，回寢室再聊。

九十年由老兵在虎頭埤舉辦，邀請趙慕鶴老師，馮紀澤老師，余光雄老師夫婦，大家都紛紛上台發表這些年來的經驗和心得。馮紀澤老師要大家不要「言老」，心情要年輕，才能健康長壽。言猶在耳，據王漢源說聚會過後不久，馮老師即中風過世，令人不勝懷念。

九十一年在水里舉辦，陳水雨帶大家參觀蛇窯和當地著名藝術家住處、風景名勝，內容十分豐富。最令人難忘的是晚上的宵夜——羊肉爐，味道之美，至今還在流口水。

九十二年在龍潭，由邱逢幹主辦。帶大家泡藥草浴，遊石門水庫，到農場做客家「菜包」、「紅龜」，採世界各地形狀迥異的番茄等。同學們都忘了已退休年齡，彷彿回到童年。李淑惠在捶「客家麻糬」時最用力，頻呼「捶給他死！」令人印象深刻。

九十三年在鹿港，由中部同學主辦，蘇志仁、許丁成、李淑惠和盧秀鳳等規劃。吃了最好吃的鹿港點心，參觀田尾公路花園，同學都豎起大姆指說：「讚！」

九十四年在棲蘭山莊，由盧義文主辦。租了一間大卡拉ＯＫ，讓同學唱個夠。第二天參觀神木群，導覽的先生滿肚子學問，還有笑話，介紹得生動異常，同學們都說下次還要麻煩他。

九十五年因吳進卿夫婦身體欠安，未舉辦。

九十六年剛好母校四十週年校慶，三系同學聯合舉辦。由蔡國彬、王麗玉、李振益、林天奇、黃旭生、黃淮英等高雄同學舉辦。羊頭寫了一篇花絮，做為「我們那一班」最珍貴的回憶。

（97·1·15台時副刊）

回憶的浪潮

望著高師大壯觀的校門、巍峨的校舍，以及燕巢廣大的校區，四十年前一幕幕往事，一一回到眼前。

一九六七年（民五十六年）十一月，我從成功嶺受訓回來，便到高雄師院註册。那時師院剛由女師改制，只招收三系，有國文系、英文系和數學系，共兩百多人。

小小的校門，門前是一大片稻田，兩層樓的建築，對滿腦子充滿幻想的我們，不禁有些失望。但是對站在二樓陽台上女師同學熱烈歡迎的盛況，有些受寵若驚。

註册完，分配宿舍，竟然是在大教室裡擺上數十張上下舖鐵床所構成的所謂宿舍。洗澡竟然也是由一間小儲藏室改建而成的「大澡堂」。我所謂的大澡堂就是沒有隔間，可以互相觀摩發育情形的洗澡設備。

男生因爲在成功嶺受訓，早已習慣袒裎相見。聽說女生設施也好不到哪兒，且常和女師發生洗澡衝突事件。至於廁所則設在一樓，剛好上面就是二樓浴室，每每漏水，同學戲稱上廁所要撐傘，同時蚊子特別大，同學更是在壁報上畫了一幅漫畫：「一面上廁所，一面打蚊子，上面還撐著傘，甚至掛著蚊帳。」可見當時生活的不便。

管理上更是和一般大學不同，訓導人員由官校找來，有訓導長趙相元，有總教官蔣夢輝，還有魏欽和周士民教官。採嚴格軍事管理，早上升旗，做晨操、土風舞，晚點名。頭髮留三分頭，穿著大學服，還有早晚自習，外出必須請假。

師資也很隨便，一位年紀很大的熊老師，每天提著一架錄音機放帶子給學生聽，一位王神父教些什麼也沒有什麼印象，倒是法國老太婆法文常在耳畔響起「阿冬雄」、「斯瓦送」、「給士古魯」……等。和英語系學生最親近的大概只有助教佘光雄和國文老師馮紀澤了。

這樣的情況，壁報又寫了「大學招牌，中學師資，小學管理。」大大的加以諷刺一番。這些一一回到眼前的往事，使我不太專心聽現任校長戴嘉南教授在高師大四十週年校慶，第一屆同學會的歡迎會上，所作的校務報告，只記得校務基金已募了十二億多了，學校前程一片看好。

我環顧四周，看著服務的學弟妹，穿著美觀大方，不覺又陷入深深的回憶中。那時我們規定要留短髮，只有三分長，像高中生，也像剛入伍的新兵，當時省主席黃杰來校巡視時，看見我們一幅入伍生的模樣，還頻頻點頭表示「好！好！」。

有一次總教官蔣夢輝還建議要帶名牌，比較容易辨識，遭到同學強力反對而作罷。抗爭最激烈的要算「熄燈就寢」事件，晚自習到九點，十點就要熄燈，大學生有晚睡的習慣，哪裡睡得著？

爲了怕同學溜下來，周教官就擋在樓梯口，同學就拿起臉盆、牙缸敲敲打打，周教官氣呼呼的衝上二樓，大家又假裝睡覺。等周教官下去，大家又起來敲，如此反覆數十回，把周教官弄得精疲力竭。當時大家年輕好玩，多年後年齡漸大，自己也實際管教學生，才深覺當年簡直「魯莽胡鬧」，聽說周教官爲了跟我們「奮戰」，公而忘私，自家小孩發高燒，都沒有回去送醫，忙壞了周太太，至今同學們都深感愧疚難安。

院長金延生是一個十分拘謹呆板的人，每每看到紙屑，就要同學撿起來。同學也因爲反感，有一天早上醒來，竟發現滿校園的紙屑。當時同學心中的不滿和潛意識的反抗，由此可見一斑。

學校距離新興市場的「聲都戲院」不遠，假日時分，我們便沿著和平一路，左轉五福一路到聲都看電影。看完電影便買了一段甘蔗，沿著稻田的田埂走回學校。一面走一面啃甘蔗，居然可以把洛夫的詩派上用場，我們高聲大喊：「啃著五毛錢的甘蔗，讓木屐的響聲，劃過寂寞的街心，這一條路，我走得好吃力！」

當時由於學校的許多規定、措施不甚合理，引起同學的種種抗爭，有被記過的，有差點被退學的，當然也有慘遭退學的，現在回憶起來，都已成過眼雲煙了。

（97·2·28台時副刊）

誰是王國禎？

被迫早早上床睡覺，大家都睡不著，只好和隔壁床的同學聊天。有時，我們愈聊愈起勁，竟忘了要睡覺。王國禎是一個不太多話的同學，我們聊天總是他聽的時候多。但是有一次他竟然主動告訴我，他次日要上法院，因爲交了多年的女朋友告他妨害自由。

「怎麼會？」我擔心的坐了起來。

「沒辦法，我太愛她了！」國禎低聲啜泣著。

「別哭了，要學會徐志摩，他不是說什麼『得之我幸，不得我命』嗎？」從那以後，我身邊總放著一本徐志摩全集，國禎心情不好時，就翻開來，找幾段爲他朗頌，他說如此可以獲得很大的安慰。

還好，法官仁慈，姑念國禎情痴，並且尚在唸書中，不能有污點，判他無罪。從法院回來，國禎變的更沉默了，我們兩人的睡前聊天，還是我說的多。

日子就在痛苦中平穩地過著，合該有事要發生。就在期中考時，國禎由於慢一點把書收起來，竟被認爲作弊。按規定考試作弊是要退學的，我是班代，又是國禎的好友，只好到處求情，甚至據理力爭。結果，留校查看，訓導人員說，那已經是最輕的處分了！

學期結束時，班級會預選下學期的幹部，我就提名國禎當班代，希望藉服務機會，將功折罪，可以記功補過。

此時，年輕的導師不肯，他說：「犯錯的同學，怎麼可以當幹部？」

「怎麼不可以？蔣公丟掉大陸，還不是在領導我們反攻大陸，怎麼不可以將功折罪？」我爲了國禎，竟然脫口而出。

「你要小心，話怎可亂講？王國禎的事不要再說了！」導師匆匆離開教室。

原來導師將我的話當成批評蔣公，報到安全秘書處，並請院長下令安全秘書往上報。如果安全秘書往上報，在白色恐怖時期，我的下場就是到新竹技藝訓練所去做思想改造。

這些事情，其實我是後來才知道的，當時並沒有人告訴我。我只有在接到成績單時，看到操行「大丙」，感到莫名其妙，尚不知道，我差一點就「拜！拜！」了。

放完暑假回到學校，我不再熱情了，想到操行「大丙」，還有什麼心思替同學服務？因此在選幹部時我竟然拍桌怒斥提名我當班代的同學，同學紛紛用奇怪的眼神看我，表決時除了一位也是硬脾氣的同學舉手外，沒有任何人舉手，我終於可以安安靜靜，默默的念書了，大一時期那個活力十足、熱情洋溢的羊頭死了。代之而起的是一個自私自利、不知什麼是公益的傢伙。其實，我尚不知我差一點就畢不了業，我只對操行「大丙」不舒服而已。

有一天，我在校園遇到趙慕鶴老師，他對學生很好，但我不知道他辦人二的業務，他要我到他宿舍聊聊。他的宿舍住滿了學生，和學生打成一片。可是我去他宿舍時，一個學生也沒有，靜悄悄的。

「顯榮啊！蔣公年紀那麼大了，要敬老尊賢啊！」趙老師爲我到了一杯茶。

「哦！那時太急於爲國禎爭取記功的機會，沒什麼惡意。」我羞愧的說。

「我知道、我知道，有空到潮州去看看林老師。」趙老師沒多說什麼，此時我尚不知道我在鬼門關前走了一遭。

由於我初次到南部，對高雄、屏東不熟，如何去潮州並沒有把握，我聽說女同學中彭玉香有位姑媽在潮州，且常常去探望她姑媽，我就找她一起去。

我們先到潮州中學，找到林三木老師的宿舍。林老師和師母看到我們都很高興，且以爲彭玉香是我的女朋友，招待我們吃午餐，忙著爲我們夾菜。

「趙老師叫我無論如何要來潮州看老師。」我吃完飯，喝了一碗湯說。

「以後說話要小心，亂世愼言啊！」老師只有輕輕點我一下，並沒說太多，但和南師的導師張性如一樣都叫我亂世愼言！我約略知道我說：「蔣公丟掉大陸」，可能眞的大逆不道。但，當時，我尚不知嚴重到金院長也一直到趙老師辦公室關切此事。

直到二零零一年（民九〇年），我們高師英語系第一屆同學會在虎頭埤舉辦，趙老師和馮紀澤老師及余光雄老師夫婦到會，我才首度上臺對趙老師表達感謝，但當時仍不知道到底嚴重到什麼程度，趙老師當時多用心、多用力的在幫我。

在我說完下來時，我上前和趙老師握手，九十幾歲的趙老師才詳細的告訴我當時他如何處理我的「案子」。

原來我「犯案」了，導師報上去的理由竟然是汙蔑國家元首，難怪他離開教室時撂下一句「不給一點教訓，你不知利害！」哦！竟然是要將我置之死地的教訓，天啊！這是什麼老師？

趙老師說，他剛一接到「案子」，嚇了一大跳，他知道許多青年學生和我情形相同者不少，下場都很慘。他雖不太認識我，但他深愛著每一個學生，他急急忙忙去翻我的自傳，看到我寫我最敬愛的老師是林三木老師，當時在潮州中學任教，竟然是他的舊識。

「你知道嗎？你多胡塗，你居然筆誤為林三本老師，如果不是我們認識，那結果可能不太一樣。」趙老師老實說：「你知道嗎？我立刻連夜搭車到潮州找林三木老師，他保證你只是熱心助人，並無其他心思，他說：『我太了解這個學生了，他不會有問題的。』」

取得了林三木老師保證的第二天，他立刻到台南師院找資料，學校的記錄也無「思想問題」之類的記載。「我放心了不少，」趙老師喝了一口水。

「你知道嗎？這樣的證明還不夠，還要再多一點安全記錄，我上了成功嶺……」天啊！

原來趙老師幾乎爲我跑遍了台灣每一個角落。

「你知道嗎？成功嶺的記錄居然寫你粗心，這下子，我可有理由了。一個粗心的人，說話並不會深思熟慮，我可以告訴院長，不用往上報了！」趙老師當然不知道成功嶺爲何寫我「粗心」，但我永遠不會忘記。問題仍然出在「蔣公」身上，因爲「蔣公」華誕，我們全隊要簽名祝壽，我竟把名字簽到格子外，雖然只有一小畫突出去，但那是大大的不敬，連輔導長立刻叫我到營部再去要一張，要全隊重簽。其實，我太用心，太用力要簽好，卻跑到格子外，結果記錄是「粗心」，並且也救了我。

趙老師說他拿著全部的資料找金院長，爭取了半天，終於我可以留下，但趙老師那年的考績乙等。我聽完抱住趙老師哭了出來。

「不只有你，還有許多學生也是我用乙等的考績救下來的，我只有一個人，沒有那些獎金並不會餓死，而你們是年輕人，前途遠大……」老師也是泛著淚光，他爲多少年輕、莽撞的學生，擔待了多少事？

四十週年校慶同學會的餐會上，我又再次上臺感謝趙老師，但話只說了一半，留下許多問號，同學紛紛過來問，我也據實回答了詢問的同學，但這種事還是寫出來公諸於世比較好。

在二零零六年（民九十五年），台北部分同學聚會，王國禎也到了，我約略提到他當年的「痛苦」，我唸徐志摩的文章給他聽，他說：「我都忘記了！」啊！能忘記眞好！我不希望王國禎回到痛苦的從前，所以我用王國禎代替眞正的王國禎的名字。名字只是記號，叫阿貓或叫阿狗，只要知道在叫你，不就可以了？所以，你就不要再研究王國禎是誰了！

（97・3・8台時副刊）

三個恩人

就是二〇〇一年（民九十年）在虎頭埤的同學會，我才知道趙老師爲我「全台奔走」。早在一九九九年（民八十八年）八月二十八日「聯合副刊」上，我就寫過一篇「走過白色恐怖」的文章，但當時我還不知道趙老師特地爲我回南師找資料。當時這篇文章寄出沒幾天，主編陳義芝就來信表示要用，並說寫得很感人，原文是這樣的：

走過白色恐怖

八十四歲高齡參加大學聯考的趙爺爺，轟動了今年的南部考場，我看到他被記者追逐的熟悉身影，不禁想起三十年前救我、陪我走過生命幽谷，度過人生泥濘的趙老師。

如果不是趙老師，我眞不知自己現在會身在何處，曾經有媒體報導：『三十幾年前，有位師大學生，異想天開，寫了一封信要給毛澤東，說二邊都是中國人，何必打仗？被查獲後判感化教育，後來出獄後流浪在八掌溪，撿拾死雞、死鴨，成爲一個瘋子……』如果報導屬實，那也可能是我啊！

三十年前，我們是一群以很高成績考上公費的高雄師院的優秀學生，無奈它的前身是高雄女師，剛改制成學院，因陋就簡，我們是第一屆的學生，對學校的設備、管理、師資都十分不滿，時常推派我去建議、爭取，然而有些觀念很難溝通，終於形成無法改善的對立。詩人張健當時就曾以汶津爲筆名，在報紙和《大學雜誌》爲文痛批高師的管教問題。

不幸的是有位同學因犯了小錯，校方決定要把他退學，我去力爭的結果是留校查看。第二學期選幹部，我們就要選他，讓他將功折罪，不料年輕的導師不肯，我乃向他力爭：「蔣公丟掉大陸，他也有責任，現在都可帶領我們……」爲什麼不給這位同學一個機會？不料問題就出在這一句話上，導師就往上報，剛好辦人二業務的人正是趙老師，他馬上去查閱我的資料，連夜坐車到潮州找我的小學老師，得知我並無大惡，只是熱心想幫助同學而已。趙老師告訴當年的院長：「學校是培養青年的，不是陷害青年的……」在他力爭之下，只給我操行「大丙」。我經過這次打擊，十分灰心，趙老師常找我去他宿舍，很多同學都在他那裡吃、住，親如一家人。但他們不知道趙老師正以他無比的愛心、耐心在拯救我，因爲我對人生、人性產生懷疑，我想自殺，我覺得我此生已無望……是趙老師從死神的邊緣把我拉回來，是趙老師使我免於成爲八掌溪畔的瘋子……

兩年前我們開畢業後三十年同學會，我和趙老師多喝了二杯，幾至大醉，我告訴同學，是趙老師救了我，否則我可能畢不了業，也沒有今天的聚會。同學們聽不懂我在說什麼，他們只說：「老楊醉了！老楊醉了……」

（88·8·28聯合副刊）

* * *

其實從文章中也可以看出，我知道在白色恐怖時期，批評國家元首的嚴重性，但我知道趙老師跑到南師找資料之後，我又回想到了另外二位南師的老師，一位是導師張老師、一位是訓導主任林萬天先生。他們二位仍然幫了我很大的忙。

回想南師三年，功課容易，沒什麼壓力，看課外書變成主要的功課。當時李敖的文章，文星雜誌的文章，柏楊的西窗隨筆深深吸引了我。

如果只有看，問題不大，我把許多心得都寫在週記上，其中有「反攻勿望論」的論調，導師找我深談，訓導主任也約談了我。但都問我平常花多少錢？買什麼書？我回答他們都是文藝書籍。導師只叫我「亂世慎言」，就沒再多說，林主任也叫我專心功課，說話小心。重點是他們都沒有記我一筆，否則趙老師怎能找到「安全資料的安全證明」？

現在回想起來，我算十分幸運，遇到張老師、林主任、還有趙老師。二〇〇七年（民九十六年）高師四十週年校慶，聚餐時九十六高齡的趙老師就坐在我旁邊，他告訴我那個年代像我這樣的學生太多了。「許多沒有遇到貴人的學生，下場都很慘。」趙老師悄悄的告訴我。

眞的，三個我生命中的貴人，讓我平平安安的走到今天，我能不由衷感謝？

（97·2·28台時副刊）

最後的情書

小遠：

明天我就要走上地氈的那一端了，我的心情十分的紊亂，十分痛苦。眼看著媽媽忙裏忙外，爸爸親自發喜帖，爲了使他們高興，勉強裝出快樂的樣子。而遠，親愛的遠，你是知道的，沒有你，我是永遠快樂不起來的。遠，親愛的遠，我眞恨，恨你爲什麼拿不出勇氣，恨你爲什麼不敢面對我父親的問題，他說只要你敢回答，只要你回答說你愛我，一生一世的愛我，永不後悔的愛我，他就把女兒嫁給你。

親愛的遠，你爲什麼回答他你不愛我，說你只有像妹妹一樣的喜歡過我，照顧我，親愛的遠，你回答爸爸的問題時，爲什麼不敢看我，爲什麼只冷冷的回答：「不愛。」啊！親愛的遠，你知道，你那句不愛，已把我的心切割成千萬片，你已粉碎了我所有的夢，所有的希望，親愛的遠，我眞的不相信，眞的不相信啊！

親愛的遠，認識你不只十年，我從沒有見過你那麼冷漠，那麼懦弱，我眞恨，你爲什麼不像那天在船上，在戰鬥營的軍艦上，狠狠的揍你的班長，你的勇氣那裏去了？親愛的遠，我實在不懂你啊！

親愛的遠，那天在軍艦上的晚會，令我一輩子也忘不了，你的班長，驕傲的某大畢業生，怪招百出的作弄我們戰鬥營的女生，我們是又尷尬又狼狽，尤其是小玉，你記得嗎？小玉是全戰鬥營最醜的女孩，又矮又胖，整個晚會沒有人向她邀舞，你的班長故意假裝向她邀舞，她驚喜的伸出手，準備接受這一位某大的白馬王子的邀請，這時你的班長卻故意邀請小玉身後的一位，我們營中最漂亮的小雲，此時小玉又難堪又氣憤的，哭著跑下艙房，我看著冷冷坐在一旁，整晚沒有向任何人邀舞的你，跟著跑下艙房帶小玉上來跳舞，你很大聲的說：「外表漂亮沒用，心地漂亮才是眞的。」整晚你只有和小玉一人共舞。

親愛的遠，當時我簡直服死你了，我一直注意你和小玉，你們外表實在不相配，你身高一百八十，小玉才一百五不到，你瘦瘦高高的，而小玉矮矮胖胖的，你們眞的不配，但是，親愛的遠，我再說一次，我服死你了，全船的官兵，全戰鬥營的人，沒有一個會向小玉邀舞（事實證明），而你卻讓小玉尋回自尊，她不再流淚，她依偎在你胸前，像小情侶，親愛的遠，那時，我眞的希望自己是小玉，是夢幻曲中的小玉。而那位班長，竟然還不放過，走過來說了許多風涼話，什麼竹竿伴冬瓜啦，什麼天造地設，什麼絕配啦！啊！親愛的遠，我忘了當時笑聲有多大，我也忘了你是如何出拳把那位自負的班長打倒在地，我只知道，你被抓去了，關在小艙房中，留下傷心欲絕的小玉，留下一句：「我再也不參加任何團體活動了！」

當晚小玉的父母就把小玉帶回去了，小玉臨走一直交代我和小翠要去看你，要問你會不會被判刑，親愛的遠，你眞絕，你絕得令我著迷，你竟然只淡淡的告訴我們：「送西碼頭，送鳳山，最後送軍法，暴行犯上，可能要判好幾年！」你好像若無其事，親愛的遠啊！如今，你的勇氣都那裏去了，你爲什麼不告訴我父親，你是眞心愛我的，你能給我幸福，給我全世界最大的快樂？

第二天，我們立刻將實情通知小玉，還好，小玉的父母也是有辦法的人，總之，你只關了一個禮拜就出來了，乍看你的光頭好像尤伯蓮納，很性格，尤其你很少有笑容，親愛的遠，我當時簡直迷死你了。

你被關的那個禮拜之中，我和小翠不只一次的去看你，我們是以無限崇仰的心情去看你的，眞的，親愛的遠，你在我們的心目中，就好像影片中的英雄，我們以卑微的心情，去看落難的英雄，我們從小小的通風口和你說話，我們問你吃什麼，你說三餐鹽水泡飯，多可惡，怎麼可以這般虐待我們心目中的英雄？我們到廚房爲你要雞腿，甚至爲你買煙和酒偷偷遞給你，有一個廚房中的老伙伕，一聽是你，馬上爲你配了上好的滷菜，上好的煙酒，要我們爲你送去，他說你就是這種個性吃虧，常爲了替弱者打抱不平而惹事生非，「他，被關禁閉是家常便飯。」說時滿臉老淚縱橫。親愛的遠，你知道，他越說我越佩服你，那一刻，我就決定我要一輩子愛你，永遠永遠的愛你，親愛的遠，你的勇氣都到那裏去了，爲什麼不拿出你的勇氣來面對我父母？

戰鬥營結束之後，我回家了，向你要地址，你不給，你的地址是老士官，那位伙伕給我的，我一再要求他才給我，你知道嗎？你知道嗎？那位老士官告訴我很多你的事，他說你父親早逝，母親把你養大，從小受人欺負，在小學的時候就常打架，因爲同學笑你沒老爸的，你報告老師，老師說：「你本來就沒老爸啊！他又沒說錯！」從此你不再信任老師，你只相信自己的拳頭，誰笑你你就揍誰，你揍人，老師就揍你，老師說你再敢揍人，你就要被踢皮球，他說你的大腿常被踢得黑青，你逃學、打架，直到唸中學還是一樣，親愛的遠，老士官很同情你，他告訴我：「你知道他爲什麼不把地址給你嗎？每期戰鬥營都有很多小女生要他的地址，他一再說，他不能害人。」老士官一面擦眼淚，一面又說：「小月，不是我說你，你跟他不會有前途，他太衝動，他不給你是對的！」親愛的遠，我眞的不懂，我跟著你爲什麼沒有前途？

我就偏不信邪，我告訴老士官，我要改變你，甚至改造你，他不但把你船上的通信處給我，也給我你嘉義的住址，我不只一次的去信，才獲得你的回音，可是你的信卻令我氣炸，你說：「小月，拜託不要再給我信好嗎？你知道你的信把我害慘了，我的罪名又多了一條：誘拐小女生！」天啊！親愛的遠，是我自己給你寫信的，是誰這麼不講理，我跟他算帳去，我寫信給艦長，我不知道他什麼大名，但我寫你的番號，寫艦長大啓，我告訴他如不給我合理的答覆，我就跟他沒完沒了，親愛的遠，你知道嗎？過了兩三天，你們的輔導長就親自來道歉，我看他一臉可憐相，我說算了，但你不能再欺侮志遠。親愛的遠，我眞的十分崇仰你，任何人說你的壞話我都不信，你們輔導長說你中學上課放鞭炮被退學，以同等學歷考上海軍士校，又打架被降爲二兵，一直幹了五年多，現在還是二兵……他還要再說下去，我就請他走了，我不相信這些會是你的錯。親愛的遠，後來我才知道，你的中學導師，數學老師要你們補習，上課隨便教教，你不服氣，就把一個小鞭炮向地上一扔，這種炮一扔就響，結果被記了大過，連同以前打架的記錄，三大過犯滿，提前在初三上學期畢業，啊，親愛的遠，我到現在還不認爲那是你的錯。可是，你沒有勇氣面對我父母，我一直不原諒你，那才是你的錯，你以前的勇氣都那裏去了？眞的，我好恨，恨你不敢面對我父母！

親愛的遠，我永遠忘不了那段你退伍後的時光，我常去看你，你用退伍金九萬多元買了一部中古計程車，你說你開計程車也許可以生活，想不到在台北開計程車不到三個月，你又回來了，因爲你打了公車司機，他仗著車大，把你逼到路角，又撞壞了你的車頭，他下車不但不道歉，還大聲說：「不然你要怎麼樣？」「我要你躺在地上！」終於你們上了法院，陪人家五千元療傷費和解了事，你說：「在臺北開車眞難，人人都在搶道！」你回家鄉做生意，又因替人作保，賠掉了所有現金，還背了一身債，你對我說：「我眞的不行，什麼都不行，小月，你才念高中，前程似錦，請你……」「你不要再說了，你有什麼痛苦，我都願意和你分擔！」我在你房間，告訴你只要你肯，我什麼都可以給你，眞的，親愛的遠，我那時很誠心，我躺在你床上，手拉著你；然後閉上眼睛，親愛的遠，我期待著你能快樂，然而，你把我一推，大聲罵我：「你這是什麼話！」然後奪門而出，衝進浴室，讓嘩啦嘩啦的水聲，掩蓋過我的哭聲。從此你不再和我單獨在房間，你常借故逃避我，親愛的遠，我眞恨，你的勇氣都那裏去了，你爲什麼不敢？你爲什麼要去沖水？親愛的遠，我再大聲問你一次，你的勇氣都到那裏去了？

遠啊！我至愛的遠，當我以第一志願考上台大的時候，我知道你很高興，你買了一串長長的鞭炮到我家放，並送我一枚你服兵役時在澎湖撿到的小貝殼，那枚貝殼眞美，我愛死了，但是你說：「小月，我負債累累，沒什麼可以送你，這就算我的道賀！」親愛的遠，這已經太厚重了，你珍藏了好幾年的東西，你肯送給我，我太高興了，我出奇不意的吻了你，親愛的遠，那是我們唯一的一次吻，我到現在還在懷念，親愛的遠，你忘了嗎？你忘了嗎？

大學四年，你不肯和我見面，你說要我專心用功，要我更上層樓，我眞的很聽你的話，又唸了兩年研究所，修了碩士，然而，當我拿著碩士證書、照片，想到你家，讓你分享我的快樂時，伯母告訴我，這六年中，你一直在獄中過著，因爲你和朋友做生意被坑了，犯了票據法，要關六年半，天啊！你怎麼老是如此？不過，我還是很服你，親愛的遠，眞的，我已得碩士，不再是小女孩，我應該可以分辨是非，應該可以分辨你是否值得我愛，我回去跟父母爭吵，父親被我吵得沒辦法，叫我帶你去見他，親愛的遠，我很高興，我終於爭取到了，幸福就在眼前，你出獄不久，我就帶你去見我爸，我爸說要單獨和你談談，你們在爸爸的書房談了一個上午，中午你留在我家便餐，下午二點，那令我斷腸的二點，我爸終於開口：「小月，我和志遠已經溝通過了，我問他，如果他答覆我，他很愛你，你就嫁給他，如果不，你就死了這條心，一切聽我的！」我好高興，因爲決定權在你，我一直以期待的眼神看你，我想你會肯定的說愛我，我立刻答應了爸爸，想不到，親愛的遠，想不到你竟冷冷的說：「不愛！」你割碎了我的心，我奪門而出，在自己房間，足足哭了一夜，第二天，我還是不信，我到你家見伯母，伯母說你要出去再闖一闖，目前也不知住在那裏，伯母還說：「志遠這孩子，虧你如此喜歡他，眞謝謝你，不過，你跟他會吃苦的，還是好好聽父母的話！」

親愛的遠，我傷心死了，我恨透了你，我恨你沒有勇氣，你爲什麼不說：「愛我！」只要你說愛我，即使不嫁給你，我也會心滿意足，我心灰意冷，最後任由父母安排，和一位乖寶寶訂婚，明天，親愛的遠，明天我就要和他走上地氈的那一端，我不知道自己會如何，我不知怎樣去面對一個自己不愛的人，親愛的遠，你忍心看我傷心欲絕的就這樣嫁了嗎？親愛的遠啊！我寫這一封信時，可以說傷心到了極點，你懂嗎？親愛的遠，你的勇氣呢？你的勇氣都到那裏去了？

至愛你的

小月敬上

（76·5·9大華晚報）

補記：七十五年十月到陽明山受訓一個月，在松林間靜靜的聽小月訴說她的故事。後來吳娟瑜約我在大華副刊寫稿，就以小月的心情，用書信體的方式，把它寫了出來。

那位教訓我的小女生

六月七日是我和妻結婚十五年的紀念日，眞快，一下子就是十五年！我們沒有特殊的慶祝儀式，只靜靜的坐在三樓陽臺上，回憶著從相識、相戀到結婚，以及結婚後這十五年的點點滴滴。

我和妻第一次見面，是在民國五十六年，大專聯考放榜後，分別拿著錄取通知單到高雄市立醫院體檢。我到達高雄市立醫院大門時，已經排了好長的隊伍，我在門口站了一下，突然發現一位熟識的同學鄭峰明，老鄭和我是南師同班同學，畢業後分發在南投山區的國小服務，三年不見，分外親切，趕忙走過去聊個沒完，竟忘了要排隊，直到快輪到老鄭體檢時，我還站在他後面，此時我後面有一位女同學竟抗議說：「眞沒公德心，爲什麼不排隊？」

回頭一看，是一位高中生模樣的小女生，一臉不屑的樣子，只好連聲說抱歉，趕快跑到排尾去排隊，心想，眞糗，當了三年老師，還被一個小女生教訓。體檢完畢後，我和老鄭一起到師範學院報到，當時的高雄師範學院是由高雄女師改制而成，高雄女師據說管理非常嚴格，尤其絕對禁止交異性朋友，連父兄都不可到校探視自己的女兒、妹妹，只准母姊到校。

這下子突然有一大批的男生來到學校，竟全部站在二樓走廊上拍手歡迎，那種場面把我們都嚇呆了。

走到報到處，老鄭是國文系，就到國文系排隊去了，我是英文系，就到英文系排隊，準備報到。排著排著，竟然發現剛才教訓我的小女生也在英文系的排隊行列裏。我仔細的多看了幾眼，長得秀秀氣氣的，很可愛的模樣，但當時作夢也沒有想到日後會是我妻子。

開學後英文系分成甲乙兩班，我分在乙班，全部男生，而甲班除了七位男生外（當時男生較多，只好把多出的七人分在甲班，日後大家都稱他們爲七仙男），全部是女生。學校的用意如何，我們不清楚，不過這種分班方法，使同學大大的不滿意，大學生還採什麼男女分班？於是心裏已經滋生了反抗的念頭，再加上管理十分嚴格，例如留三分頭、穿制服、一律住校，宿舍用教室改裝而成，每間教室住三十六人，早上六點早點名，晚上要在教室自修，外出必須請假，九點晚點名，十點熄燈就寢。大學生有開夜車的習慣，十點那裏睡得著？教官來查舖，我們就假睡，教官走了，同學們都拿臉盆來敲，又唱又鬧，很多師長都十分頭痛，同學們也十分不滿意，而我又不幸是班代表，常常跑教官室挨訓，心情實在壞透了。

當然不適應的同學不少，過得相當習慣的也不在少數，有的追女師的同學去了，有的就到隔壁班找女同學製造機會，數學系來送紙條的也很多，我聽說追「教訓我的那位小女生」的同學不下十來位，因此，我實在沒有信心去追，儘管她在我心中也留下極深刻、極美好的印象。

日子在痛苦中過著，不能外出沒什麼娛樂，倒也看了不少書，有時心情煩悶，就在教室後面一起唱：「苦酒滿杯」，苦酒滿杯一時竟成了我們的主題曲。同學也自己辦壁報，把不滿和怨氣稍稍透露一下，當然廁所文學也不少，例如「大學招牌、中學師資、小學管理」，例如「畫一隻一公斤的大蚊子」等，當時的師資、設備、管理由於剛剛創辦，都不太理想，但同學那裏能體諒這些？甚至還有投書報紙給一位專欄作家，使他也在中國時報及大學雜誌分別撰文「論高師的管教問題」，現在回想起來，的確也有些幼稚，對學校有些苛求，但同學畢竟年輕不懂事，那裏曉得如此一來，校方也十分困擾？

我和妻現在也經常一起回憶這些往事，因爲我們的姻緣，一半是由這些事情促成的。話說當時同學對學校十分不滿，身爲班代表的我，只好常代表同學去表達意見，有時竟也爭得面紅耳赤，師長對我的印象，可想而知，尤其有一次一位同學不小心犯規，竟到了要退學的命運，我去跟師長爭的結果是「留校察看」，而我那學期的操行也得了「大丙」，經此打擊，心灰意冷之下，只好發誓不再管任何閒事，下決心專心讀書。有一位很關心我的林老師在潮州任教，我要去找他，但不知如何去。後來得知那位「教訓我的小女生」，有位姑媽在潮州，我就找她一起去看林老師，幾次之後我們漸漸的熟識了起來，不免聊到在學校的痛苦遭遇，她竟然一點都不會不滿意，反而教訓起我來：「學校這樣做也是爲我們好啊！我們是新成立的學校，你不覺得這樣做有自己的校格嗎？」嘿，想不到一個剛高中畢業的小女生，竟然比我老練深沉多了，凡是我有不滿，她總能說出一番道理，令我平靜下來，因此，我漸漸喜歡找她聊天，甚至把我在南師時一段不成熟的戀情告訴她（該故事寫在我已出版的《愛之夢》一書中），我們漸漸由熟識到了相知的地步了。我給她一個名字：靜帆。

靜帆有一位室友小吳，十分擅長體育，我有一位室友小林，對她十分心儀，悄悄告訴我，希望我能幫忙，於是我們商量一下，設計小林競選體育股長，接著在院運中向同學宣佈：「凡是英文系在院運中得到一面金牌者，小林要請看一場電影。」小吳一個院運下來，竟然得了九面金牌。起初小林要請小吳去看電影，還有些不好意思，邀我和靜帆做陪，九場電影看下來，小吳竟宣佈：「要回請小林九場，因爲不好意思太讓小林破費！」當然，這時候就不要我們做陪了。現在他們婚姻美滿，一個在女中任教，一個當了訓導主任，生了兩個活潑可愛的壯丁，目前均已上國中了。每一次同學會，大家都不忘向他們的「愛情長跑」調侃兩句。

上了大二以後，學校有些改變，延攬了較好的老師，晚上不再自習，而我有不滿時，就會告訴靜帆，靜帆也總會給我一些疏導的建議，在精神上常常獲得很大的舒解作用。我們相處的時間越來越多，南部地區的風景區也留下了我們很多足跡。潮州林老師處，我們更常去拜訪，吃師母做的好菜。我們也常去拜訪她姑媽，她姑媽家種滿了檳榔和椰子，風景很美，我告訴靜帆，將來畢業後很想到潮州任教，買一棟農舍住住，心滿意足矣，當然後來並沒有實現這個願望。

由於我家經濟不佳，大二開始就出去兼家教，賺點生活費，靜帆認爲靠自己的能力賺生活費用，又可以實驗學到的教育理論，很有意義，因此她也出去兼了一個家教。這個家教姓李，學生很聰明，靜帆教起來得心應手。每天我都用腳踏車送她到李府，然後再到自己教的那一家。由於相處的機會多，同學都公認我們是一對，不再有人想追靜帆了，我內心又喜又得意。

大二快結束時，發生了一件令我「寢食難安」的事；還好，有驚無險。原來李府上下對靜帆印象頗佳，尤其是李太太，她有一位弟弟台大畢業，在銀行任職，李太太借宴請老師的機會，把靜帆介紹和她弟弟認識。她弟弟每次都要送靜帆回校，靜帆都說她有同學在巷口等她，會一起回家。有一次，那位先生牽著偉士牌的機車送靜帆到巷口，我只好把腳踏車藏了起來，在民國五十幾年，騎偉士牌的都是社會名流，是很風光的，而我，只騎了一輛破腳踏車，內心很不是滋味，我遠遠的看他們在巷口等了很久，最後靜帆堅持自己走路，那位先生才悵然而返。等靜帆自己走了一段路，我才趕快追了上去。在回校的路上，我告訴靜帆說車子突然壞了，靜帆說沒關係，才讓我放心不少，我放心的不只是靜帆不生氣，還有她對我的感情呢！

大三時，靜帆家裡知道她在學校有了男朋友，父母同時來到學校，把我嚇了一跳，還好，她父母都是開明人，只告訴我們功課要緊，不要耽誤了功課，感情的事畢業後再談。我問靜帆，爲什麼她父母會知道呢？靜帆終於又告訴我另一件更令我放心的事。

原來她嫂嫂公司裡有位同事的兒子在美國留學，那位同事很中意靜帆，請她嫂嫂回來跟她父母說說看，當她嫂嫂提到這件事時，靜帆的妹妹立刻說：「不用了，姊姊已經有男朋友了！」這一說，就把實情說出來了。不過，由於這個事件，當然也更堅定了我們之間的情感。

大學畢業後一年，我們結婚了，一起在雲林海邊的鄉下學校任教，生活過得雖不富裕，但是我們很快樂。我們沒有房子，先住單身宿舍，只有四坪半那麼大，只有電冰箱、瓦斯爐，沒有電視，一年後我們申請到眷屬宿舍，雖只有十二坪大，卻有一個蠻不錯的院子，我種花，她澆水，電視機雖是黑白的，但我們看得津津有味。六十六年時，我們申請貸款，買了現在的小房子，女兒們相繼出世，我們生活的內涵更豐富了。

十五年來，我們經常坐在三樓陽臺上，細說這些「珍貴」的往事，有時還拿照片出來細細回憶一下。啊！想不到那位「教訓我的小女生」，竟然會成爲我的妻子，和我度過許多困難和美好的時光。

（76·8·1大華晚報）

附錄一

心遠地自偏

一、引言——告別教師生涯，投入詩的懷抱

說著，灰靄已逼到紙角
陰影正伸向標題，副標題

——引自余光中詩〈在漸暗的窗口〉

從鄉下高中退休，我面臨了決擇：是到山中開闢一座幽靜的庭園，或到大都會過另一種人生？畢竟我已在鄉下住了三十幾年。

於是余光中的詩句飄進眼簾，是啊！已年過半百，灰靄已逼至紙角，我還猶豫什麼？讀書、寫作不是我的至愛嗎？當年許多因素，未能專心寫作，至今引為憾事。

就這樣選擇了永安捷運站附近公寓，出入方便，有中和八二三公園，更有國立台灣圖書館，方便運動休閒，借閱圖書。

更重要的是大台北醫療資源多，方便八十多歲年老多病的母親就醫。

二、在詩的胸膛穿梭

台灣圖書館藏書甚豐，我彷佛穿梭在詩的胸膛中。舉凡古今中外名詩、論著、都一一搜尋回家中小小的桌上，日以繼夜的閱讀，好不愉快！

三、漸漸累積出小小的成果

每一天生活的重心就是閱讀和寫作，上台北迄今已有七年，七年中出版了五本書，剪貼了近十大本的已發表作品，包括詩、散文、評論，如果機緣到了，應該可以再出五本以上。

四、困居在小小閣樓中

從鄉下到台北，才體會到什麼叫「台北居，大不易」。

我困居在小小的閣樓中，從鄉下帶上來的盆景，我就挖挖土、澆澆水，說一聲：「抱歉了，委屈你們！」

五、在陽台上尋詩

陽台雖小，卻可以看到中和公園，看到東南兩方的山峰，尤其夜晚時，烘爐地的燈火特別亮，特別美，我在陽台上苦苦尋詩，我寫〈漁歌〉，戲稱自己在陽台垂釣。

六、全家無事臭蓋閒聊

女兒有教書的，在銀行工作的，各有各的追求和忙碌。難得坐在一起天南地北閒聊，也是人生一樂也。

七、在琴聲中回憶

大女兒在家裡教琴，每聽到琴室中傳來「夢中的婚禮」，「水邊的阿第麗娜」，就會想到三個女兒小時候，我帶她們拜師習琴的情景。

八、彷彿在初戀的時光中

我退休，妻子也跟著我退休，照顧我的生活起居，無怨無悔。在家中，我沒有進過廚房，上過菜市場，甚至掃地、擦桌子，說來慚愧，就是散步在公園圖書館的迴廊。

九、引起回想的小紀念品

出外旅遊常帶回一些小小紀念品，每一次看到它們，就會想到旅途的情形。例如從貴州帶回來的娃娃和從峇里島帶回來的小貓，不到台幣百元，就能讓貧窮的小販感謝再三，它們常常會喚醒我慈悲的詩魂。

附錄二

寫作年表

- 一九四四年生於嘉義縣新港鄉大潭村
- 一九五七年新港國小畢業
- 一九六〇年嘉義中學初中部畢業，九月進入嘉中新港分部就讀
- 一九六一年七月重考南師，九月進入南師，開始發表習作於校刊
- 一九六二年開始在南市『青年天地』發表習作
- 一九六三年在『野風』發表習作
- 一九六四年南師畢業，分發嘉義縣社團國小服務
- 一九六五年在『中華副刊』、『中央副刊』發表習作
- 一九六七年服務國小三年期滿，參加聯考，進入高雄師大英語系就讀
- 一九六八年在『作品』、『葡萄園詩刊』發表習作
- 一九七一年高師大畢業，分發省立民雄高中服務

- 一九七二年服預官役
- 一九七四年八月退伍，進入省立北港高中服務
- 一九八〇年加入風燈詩社，作品開始在各報章、詩刊發表。七月應邀擔任台南市文藝營指導老師
- 一九八一年四月出版『中學新詩選讀——青青草原』（青草地版），七月應邀擔任台南縣文藝營指導老師；十月出版詩集『煙雲』
- 一九八二年七月擔任雲林縣文藝營指導老師；十一月出版散文集『愛之夢』，十二月創辦『詩友季刊』，前後出版十三期；詩作入選『感月吟風多少事——百家詩選』（張默編）、詩作入選『葡萄園二十年詩選』（文曉村編）
- 一九八三年詩作入選爾雅版『七十一年詩選』（張默編）；七月應邀擔任中部五縣市文藝營指導老師
- 一九八四年詩作入選爾雅版『創世紀詩選』（瘂弦等編）
- 一九八五年詩作入選爾雅版『七十三年詩選』（向明編）
- 一九八六年詩作入選爾雅版『七十四年詩選』（李瑞騰編）及文史哲版『中華新詩選』（新詩學會編）
- 一九八七年三月應『台灣日報』邀請撰寫青少年專欄「讀星樓談詩」，時間一年，每週一

文。五月詩作入選張默編著『小說選讀』（爾雅出版社）

- 一九八八年詩作入選文史哲版『中華新詩選粹』『新詩學會編』
- 一九九二年詩作入選『葡萄園三十年詩選』（文曉村編）
- 一九九四年六月出版詩集『春之彌陀寺』（雲林縣文化中心）
- 二〇〇〇年二月自北港高中退休，應南市某企業之聘擔任企劃行銷，體驗另類人生，尋找寫作題材。六月獲「詩運獎」；六月起在『國語日報』撰寫「新詩賞析」專欄
- 二〇〇一年三月起在『台灣時報』副刊撰寫「讀星樓談詩」專欄，四月應邀擔任新詩學會優秀青年詩人獎評賞迄二〇〇七年止仍然受邀；十二月出版評論集『兩棵詩樹——詩神的花園』（與吳當合著，爾雅出版社）
- 二〇〇二年六月出版『落蒂短詩選』（列入中外現代詩名家集萃台灣詩叢系列29中英對照版），六月獲中華民國新詩學會頒贈「詩教獎」，八月詩作入選葡萄園四十周年詩選『不惑之歌』（台客編），十一月詩作入選文史哲版『中國詩歌選』（潘皓編）
- 二〇〇三年二月出版評論集『詩的播種者』（爾雅出版社）；五月獲中國文藝協會「文學評論獎章」；五月詩作入選爾雅版『九十一年詩選』（白靈編）；九月應世界日報主編林煥彰之邀在『湄南河副刊』撰寫「小詩賞析」專欄；九月付珠海參加「第八屆世界華文詩人會議」；十一月加入《創世紀詩社》

•二〇〇四年四月應國語日報邀請爲「古今文選」賞析名詩人名詩。六月詩作入選《二〇〇三台灣詩選》（向陽編）：十一月應邀赴泰國曼谷爲泰華詩人專題演講。十二月應邀評審台北市「高中職詩歌朗誦比賽」決賽。十二月詩作入選「水都意象—高雄」（高雄廣播電台主編）

•二〇〇五年二月轉至台北縣某私人企業擔任行銷企劃顧問，繼續尋找寫作題材；七月出版《追火車的甘蔗囝仔》（生智文化出版），四月應邀擔任文藝協會新詩獎章評審；五月擔任雲縣私立正心中學新詩大獎評審。十二月出版《詩的旅行》（台南市立圖書館出版）

•二〇〇六年六月應邀擔任新詩學會《詩報》編輯，七月應邀至廣州參加「第十一屆世界華文詩人會議」。八月應邀擔任文協「青年文學獎」評審。十二月應邀評審台北市「高中職詩歌朗誦比賽」決賽。

•二〇〇七年五月應邀擔任台北縣林家花園詩獎評審，六月詩作入選《二〇〇六年台灣詩選》（焦桐編），六月應邀撰寫中華副刊〈讀星樓小品〉專欄。十月應邀參加華山詩人節朗誦詩作。十二月應邀評審台北市「高中職詩歌朗誦比賽」決賽。